# サラリーマンは今すぐ5000万円借りなさい!

## 自分の未来を守ってくれる「資産」の作り方

木村拓也
KIMURA TAKUYA

**●注意**

(1) 本書は著者が独自に調査した結果を出版したものです。

(2) 本書は内容について万全を期して作成いたしましたが、万一、ご不審な点や誤り、記載漏れなどお気付きの点がありましたら、出版元まで書面にてご連絡ください。

(3) 本書の内容に関して運用した結果の影響については、上記(2)項にかかわらず責任を負いかねます。あらかじめご了承ください。

(4) 本書の全部または一部について、出版元から文書による承諾を得ずに複製することは禁じられています。

(5) 商標

本書に記載されている会社名、商品名などは一般に各社の商標または登録商標です。

# はじめに

はじめまして。本書の著者で、不動産投資アドバイザーをしております、木村と申します。

私は現在、不動産投資で得られる収入で生活をしています。保有している不動産は、部屋数にして85部屋。資産総額で言うと5億円を超えています。

そんな私も、もとは普通のサラリーマンでした。本書は、その私が、自らの経験をもとに、「不動産投資など考えたこともなかった普通のサラリーマンの方に向けて、不動産投資という選択肢を知ってもらう」ために書いた本です。

なぜそんな本を書いたのか。

それは、不動産投資は本当に良いもの、しかもこれからの時代のサラリーマンにこそ必要なものであるにも関わらず、**学校や親から教えてもらうことができないものだ**

からです。

もちろん、人生は人それぞれ。本書を読んだ上で、「そんなものは必要ない！」と思われるなら、仕方ありません。

しかし、そもそもその選択肢があることに気づかず「不動産投資？　お金持ちがやるものでしょ。普通のサラリーマンである自分には関係ない世界の話だ」と考えている人が多いのが事実。

そこで、まずは不動産投資によって「普通のサラリーマンの人生」がどのように変わるかをお伝えしたいと思いました。

＊　＊　＊

かくいう私自身、新卒でとあるＩＴ企業に就職し、ＳＥとして28年間勤務した筋金入りの「普通のサラリーマン」でした。もともとは投資や副業などは一切していませんでした。まさに「そんなのは自分には関係ない世界の話」と思っていたのです。

そんな私が不動産投資をはじめたのは41歳の頃。胃潰瘍で倒れたことがきっかけでした。幸いその時はすぐに仕事に復帰することができたものの、もしかしたらクビや左遷ということもあり得たのでは、**次に倒れるようなことがあったら会社は自分を守ってはくれない**、そんな思いを抱いたのです。

もしも今職を失ったら、自分だけでなく妻や二人の子どもまで路頭に迷わせることになってしまう。そんな恐怖にかられ、資産運用の勉強をはじめ、不動産投資に行きつきました。

最初は試行錯誤の日々。今思えばリスキーな選択だと思うようなこともありましたが、幸いにもすぐに不動産投資は軌道に乗りました。

価格の安い中古のワンルームからはじめ、徐々に規模の大きなものへ。49歳の頃には不動産から得られる収入が１０００万円を超え、51歳で脱サラを果たしました。

この経験を活かし、現在は不動産投資に関する、コンサルティングやアドバイスを行ったり、ユーチューブ動画による情報発信を行っています。これまでに10代から５～60代まで幅広い年代の人々１０００名以上に不動産投資のアドバイスをしてきました。ユーチューブチャンネルの登録者は５万人、再生数は１５００万回を超えました。

**世界を旅する不動産**
**自由人木村拓也**
**ユーチューブチャンネル**

私自身は、現在はお金の心配がないのはもちろん、時間にもゆとりが生まれたことで、人生がとても豊かになりました。**私が不動産投資のために使う時間は年間で数時間程度。**趣味の旅行をいつでも楽しめるようにもなりました。

ごくごく普通のサラリーマンが、無理なくこんな人生を手に入れることができる。

それをかつての私と同じような境遇にいる日本のサラリーマンたちに伝えたいというのが、本書を書いた最大の狙いです。

＊　＊　＊

終身雇用制度や年功序列制度の崩壊、大手企業の経営不振や大量リストラ、年金受給年齢の引き上げ、老後２０００万円問題……。

ちょうど年号が平成から令和に移り変わったのと時を同じくして、労働環境に関する暗いニュースが飛び交いました。令和という時代がサラリーマンにとって辛い時代になることをなにか暗示しているのではないか、そんな気がしてしまいます。

そんな時代背景のせいか、最近では副業、起業、脱サラといった話題を耳にすることも増えています。

けれど、多くのサラリーマンは毎日毎日会社の仕事が忙しく、とても副業に割くような時間はないのではないでしょうか。

20代の若手社員であれば、勤務時間の少ない仕事に転職したり、思い切って脱サラして起業したりという選択肢もあるかもしれません。

しかし家族がいるサラリーマンにとっては、そう簡単に脱サラなどできるものではないでしょう。

**そんな人たちにとって、本当にオススメできる副業が不動産投資です**。先ほど書いた通り、軌道に乗ってしまえば、かかる手間は年間で数時間程度。本業である会社の仕事の邪魔になることはありません。

また、サラリーマンの多くは、できる限り安定した職につきたいという思いがあって、今の仕事をしていると思います。そういう意味では、株式やFXに数百万円の投資をして生活していくなんて生き方は考えられない、そんな人が多いのではないでしょうか。

その点、不動産投資は、非常に手堅く資産運用できる投資です。個人的には、「投資」という名前は誤解を生むので「事業」という言い方にすべきと考えているくらいです。

詳しくは本書の中で語っていますが、**正社員という立場よりも、むしろ安定感のある収入源**と言っても過言ではありません。

＊　＊　＊

もしかしたら読者の皆さんの中には、「不動産投資だって株やFXと同じで、要はギャンブルだろ」と思われている方もいらっしゃるかもしれません。バブルがはじけて不動産の価値が暴落して……なんて話を聞いたことのある人もいるでしょう。

しかし、それは不動産投資のビジネスモデルを誤解しています。不動産から得られる収入は様々な種類がありますが、特に大きいのは次の二つです。

**①家賃収入**

入居者が払う家賃収入です。そこから購入の際に組んだローンの返済や管理費用を差し引いた金額が自分の利益となります。

**②含み益**

手持ちの不動産を売った時に得られる金額です。

例えば中古アパートで土地評価の高い物件であれば、購入費用が５０００万円の場合の内訳はざっくりと土地４０００万、建物１０００万程度です。建物は当然、時間が経過するにつれて価値が落ちていきますが、土地の値段は基本的には変わりません。ですからこの物件は、購入してから30年経ったとしても、少なくとも４０００万で売れるわけです。

多くの人がイメージする不動産投資は②を中心にしたもののようです。含み益を生むために積極的に売買し、もしもバブル崩壊のように土地の価格が変動することがあれば大損してしまうかも……そんな印象を抱いた状態で相談に来られる人もたくさんいました。

しかし、私がオススメする不動産投資は、①と②を両方上手に使いこなすことで、堅実に利益を出すものです。

特に、家賃収入によって毎月定額の収入を得る①は、不動産売買や株式投資のようなハイリスクハイリターンは望めませんが、収入が乱高下することもなく、本当に堅実に収入が生まれます。**まるで会社の給与が月に2回振り込まれるようになったかのような感覚です。**

最終的には②の含み益としてまとまった金額を手に入れることのできる資産として物件を持ちながら、堅実に①で収益を生みつつローンを返済していく、これがサラリーマンに適した「堅実で安全な」不動産投資なのです。

今、ローンという単語が出ましたが、ローンを組みやすい、すなわち不動産投資の際に銀行融資を受けやすいというのも、サラリーマンに不動産投資が適している大きな理由の一つです。

＊　＊　＊

詳しくは第3章で解説していますが、年収500万円の一般的なサラリーマンであっても、銀行融資を受けてすぐに5000万円の物件を購入することが比較的容易にできます。

ローン＝借金ということで抵抗感を持つ人も多いと思いますが、**むしろこの借金をしないのは非常にもったいないことだと私は思っています。**「なんで？」と思った方は、ぜひ本文をじっくりお読みください。

＊　＊　＊

さて、今回執筆にあたり、本書を読んでほしいターゲット層として、2種類の人々を想定してみました。

一つは、会社員として会社の仕事を頑張れば幸せになれると信じている人です。私自身も長年サラリーマンをしてきた身として、こんなことを言うのは心苦しいのですが、**そういったマインドでは決して幸せになれない時代に、すでに突入しています。**

そういった方には、まず第1章を読んで、これからはじまる令和の時代がいかにサラリーマンにとって厳しいものとなるかをしっかり把握し、その対策を練るきっかけにしていただきたいと思っています。

もう一つのターゲットは、なんとなく会社の仕事だけでは将来が不安だが、**今の生活を大きく変えることはできないし、脱サラなんて考えられない**、そんな人々です。

そんな方には、第2章と第3章を読んで、普通のサラリーマンに最もオススメできるサイドビジネスが不動産投資であることを学び、ぜひその魅力を感じていただきたいと思っています。

そして最後の第4章では、私がこれまで培ってきた不動産投資のノウハウを少しだけ公開しています。

不動産投資は本当に手堅く、しっかりやれば誰でも成功することのできるビジネスであると確信していますが、この「しっかりやる」というのが重要です。やはり中には、正しいノウハウや考え方を知らないがばかりに、不動産投資で失敗してしまう人もおられます。不動産投資に興味を持った皆さんがそうならないよう、責任を持って進むべき方向性を示しています。

＊　＊　＊

本書は「脱サラして自由な人生を」とか「起業して年収1億円」といった派手なことは書いていません。普通のサラリーマンが、時代の波に飲まれて不幸にならないため、そしてできるなら少しだけ豊かな人生を送るための、**堅実で再現性のある手法を紹介する本**です。

この本が、一人でも多くのサラリーマンの手に届き、日ごろの激務が報われることを願っています。

2020年3月

木村拓也

# 第1章 令和のサラリーマンに求められる「生存戦略」とは？

## 第2章　自分の未来を守ってくれる「資産」の作り方

## 第3章 サラリーマンこそ徹底活用すべき「ローン」の話

## 第4章 キムラ式不動産投資法

# 第1章

# 令和のサラリーマンに求められる「生存戦略」とは？

# 1　令和はサラリーマン冬の時代？

## 令和到来と共に、生き方についての問題が表面化した

２０１９年5月、30年以上続いた「平成」が幕を下ろし、新年号「令和」の時代となりました。

私はこの平成の時代の大半をサラリーマンとして駆け抜けたわけですが、これからの令和時代は平成と比べて「サラリーマンにとって非常に厳しい時代」になるのではないかと思っています。

昭和から平成にかけてのサラリーマンというのは、終身雇用が保証され、企業の中で与えられた仕事さえしっかりとこなすことができれば、ある程度未来が保証された

存在でした。

もちろん年収や福利厚生などはその企業や役職によって様々ですが、結婚し、子どもを育て、おだやかな老後を過ごす、そんな「ある程度の人生を保証されている」存在だったはずですし、また多くのサラリーマンが漠然とそのような意識を持って過ごしていたはずです。

ですが、偶然か必然か、年号が変わるのと時を同じくして、このようなサラリーマンの「保証された人生」を揺るがすような話題がいくつも世間を騒がせています。

## 大企業ですら終身雇用制度を維持できない

例えば２０１９年５月、トヨタ自動車の豊田章男社長が「雇用を続ける企業などへのインセンティブがもう少し出てこないと、なかなか終身雇用を守っていくのは難しい局面に入ってきた」と発言したことは、ニュースなどでも大きく取り上げられました。トヨタ自動車という国内最大規模の大企業でさえ、終身雇用を維持することができないとしているわけです。

また、このような大企業がはっきりと宣言したことにより、中小企業をはじめとした日本企業全体が「もうこれからは終身雇用は無理だ」「終身雇用を前提としない仕組み作りが必要だ」という方向へ向かうことが予測されます。

大学を卒業し、正社員として就職した時点で人生が安定軌道に乗ったとする**昭和―平成の価値観は、今後数十年のうちに大きく崩れ去る**のではないかと私は考えます。

すでに定年間際の世代はともかく、これからサラリーマンになる学生や、今働き盛りの20代30代のサラリーマンたちは「会社の仕事さえしていれば人生は安泰」と言えない時代になっていることを強く認識しなければなりません。

## 年金神話は崩壊した

同じように、サラリーマンの人生設計の問題が浮き彫りとなったニュースが「老後２０００万円問題」です。

まさに年号の変わり目と時を同じくして話題になったこのニュースを、覚えている方も多いでしょう。

ことの発端は金融庁の金融審査会がまとめた報告書でした。この報告書では、収入を年金のみに頼る無職世帯において、20～30年間の老後を生きるために約２０００万円の老後資金が必要になるとされています。

根拠となるのは総務省などが実施した調査です。この数字の妥当性や問題の本質については後程詳しく語りたいと思いますが、生涯年収が2億円程度と言われるサラリーマンで、２０００万円の貯金を作ることが容易でないことは間違いありません。

何よりもこれは「まじめに働いていれば老後は年金で生活ができる」という**年金神話の崩壊**に他なりません。

年金制度に対する疑問は以前から叫ばれていたことではありますが、年号の変わり目と共に、ついにそれが顕在化しはじめたという印象です。

## 45歳で早期退職が当然の時代に

令和元年12月には、朝日新聞が、満45歳～59歳の社員を対象に大規模な早期退職者の募集をはじめたことが話題となりました。要はリストラです。

朝日新聞という大手企業がこのような大々的なリストラを行うことに驚かれた方もいらっしゃるかもしれませんが、すでにこの流れは多くの日本企業を飲み込んでいます。

２０１８年には富士通が、間接部門２万人のうち５０００人を、ＳＥや営業などの現場へ配置転換すると発表しました。その配置転換が嫌であれば、転職支援をするという話で、実際に５０００人のうち３０００人が転職したという話も聞きます。

これまた、事実上のリストラと言えるでしょう。

この他にも、味の素、日本ハム、ＮＥＣといった、誰もが知る大企業が、45歳～50歳以上を対象とした早期退職者の募集を行っています。

## あるはずだった収穫期はなくなった

現在定年間際の世代というのはまさに、終身雇用、そして年功序列という制度が当然とされる中でサラリーマン生活を送ってきた人たちです。

年功序列というのは、能力に関係なく若手のうちは給与が低く、年次が進むことで徐々においしい思いができるようになるという仕組み。

若いうちは安い給料でめいっぱい働き、ようやく役職が上がり、これからまさに若い頃の苦労が報われる、そんな人生の収穫期とも言えるのが年功序列制度における40代、50代です。

その収穫期直前に会社を追い出され、しかも老後までに2000万円貯金しろと言われている、そんな過酷な状況をこれから生き抜かなければならないわけです。

## 一番危険なのは30～40代!?

このように、旧態依然としたサラリーマンの人生設計が難しくなるであろうことを示唆するニュースが立て続けに起きたことは、令和がサラリーマン冬の時代になるのではないか、そんな暗い想像を抱かせます。

しかしその一方で、今20代の若いサラリーマンや、これからサラリーマンになる世代はうまくそんな時代に対応していけるのかも、そんな風に思わせるデータも存在します。

日刊工業新聞が行った副業に対する意識調査によれば、新入社員の64％が副業に前向きな姿勢を持っているそうです。

対して、30代以降の世代で、副業をしているサラリーマンというのは非常に少ないのではないでしょうか。

## 副業は当然のものに

そもそも副業禁止の会社も多く、収入＝会社の給与のみというのが、ある種、当然のことだと考えている人は多くいると思いますが、今の若い世代はそうではないわけです。

社会的に見ても、2018年1月、厚生労働省が事業主向けに示している「モデル就業規則」が「原則副業・兼業を認める方向」へ改定され、同時に「副業・兼業の促進に関するガイドライン」が発表されました。

ようするに、政府は副業を推進する姿勢を取っているわけです。

いまだ副業を禁止する企業が多いのは、会社を運営する30代以降の世代が時代に対応しきれていないからであり、今後確実に副業の波は来ます。

そもそも、**会社の給与と年金だけで人生に必要な収入をカバーできないのであれば、なんらかの副収入を得るしかないのは自明です。**

今20代の若者は、すでにその波を肌で感じ、うまく乗りこなそうとしているわけです。

## 時代に合った考え方ができないと危険

転職という面で見ても、今の若い世代は「とりあえず2～3年働いて、自分に合ってなかったらやめればいいや」という意識が強いように思います。

こういった姿勢に対して「根性がない」といった印象を持つ人もいるかもしれませんが、一つの会社に依存していないという意味では、時代に合った考え方と言えるでしょう。

むしろ、**副業なんて考えたこともない、その会社の給与だけで生きていく、そんな30～40代こそ、時代の波に対応できず将来が危ぶまれる**、そんな時代になってきているのです。

## サラリーマンだからこそ、収入と人生を見直さなければならない

サラリーマンというのは、自営業や経営者と比べて「安定している」と言われ続けてきました。もちろん、固定給があるという意味ではそうですが、老後まで含めた人生全体という意味ではとても安定しているなどと言えないことが、これらのニュースから伺い知れるかと思います。

むしろ、これまでは会社に依存していれば良いと思われていたサラリーマンだからこそ、このタイミングで意識改革を行い、自分の収入と人生について改めて深く考える必要があると私は考えています。

本書では私が専門とする不動産投資だけでなく、サラリーマンが令和時代を幸福に生き抜くためにどのようなマインドと、どんな行動が必要なのかを解説していきます。

# 2　老後2000万円では足りない

## 2000万円の根拠は？

先ほどもお伝えした老後2000万円問題について、改めて深掘りしたいと思います。

2000万円という金額を聞いて衝撃を受けた方も多いのではないかと思いますが、正直なところ、**2000万円では老後の人生を賄うのに到底足りない**のではないかと私は考えます。

そもそもこの2000万円という金額が、どのような根拠から算出されたものかというところからご説明しましょう。

この数値は総務省が公表している家計調査をもとにしています。

２０１７年の調査では、老後の夫婦二人（夫65歳以上、妻60歳以上、無職世帯）の毎月の平均的な実支出が月26・４万円なのに対し、受け取る公的年金は19・１万円で、そのほかの項目を合わせても実収入は20・９万円とのことです。これを差し引きすると月約５万円が不足していることになります。

そこで老後の生活を30年と仮定した場合に

５万円×12カ月×30年＝１８００万円

が、受け取る年金の他に必要であるというわけです。

## 支出は26万円で足りるか？

この試算の問題は、二つあります。

一つはこの数値の根拠となる支出の部分、26・4万円というのが妥当であるかどうかという点です。

もちろん生活にかかる費用は人それぞれですが、この金額の内訳は食費が6万円程度、医療費が1万5000円程度で、「最低限度の数字」という印象を受けます。

例えばなんらかの持病があってもっと医療費がかさむ人も多いでしょうし、そうでなくともなにか病気で入院するとなれば、もっとお金はかかります。災害で家の修理が必要になったり、家電を買い替える必要が出ることもあるでしょう。

そんなネガティブな出費以外にも、趣味に多少のお金をかけたり、お孫さんのお祝い事になにか贈り物をしたりといったお金は「贅沢」なのでしょうか？　**定年まで一生懸命働いた人生の終盤、そのくらいの「ゆとり」があっても良いのではないかと私は思います。**

公益財団法人生命保険文化センター「生活保障に関する調査」によれば、こうしたゆとりある生活（決して贅沢と言えるほどのものではありません）を送るためには、夫婦で月に37万円が必要であるとされています。この時点で、老後2000万円の根拠とは11万円の乖離が生まれているのです。

そもそも、月に収入が19万円という時点で、それに合わせた生活をしているはずで、そんなギリギリの節約生活の結果を統計としてまとめた数値が26万円という生活費なのです。贅沢と言わないまでも、それなりに豊かな人生を送ろうとすれば、それで足りないのはある種当然と言えるでしょう。

## 本当に必要なのは1億3000万円

ではその37万円という金額で同じように試算してみます。

37万円×12カ月×30年＝1億３０００万円

そう、実際には1億３０００万円もの金額が必要なのです。

２０００万円の試算に合わせて考えるならば、このうち半分ほどは公的年金で賄うことができるため、老後の蓄えとして必要なのは「７５６０万円」ということになります。

これだけでも大変な金額ですが、さらにそこには二つ目の落とし穴があります。

# 3　年金制度に頼ってはいられない

## 年金はいくらもらえる？

老後2000万円の根拠は、26万円の支出と21万円の収入の差額の積み上げによると書きました。

この21万円のうち19万円が公的年金による収入とのことですが、あくまでこれはこの調査が行われた2017年時点での数値である点に注意が必要です。

## 果たして同じ額の年金を、皆さんも受け取ることができるでしょうか？

現在30代の方が年金を受け取ることができるのは、早くても30年後です。その30年の間、現在の年金制度を維持し続けることができるのでしょうか？

例えば、現在年金の受給開始年齢は65歳ですが、これが引き上げられるのではないかという議論を耳にしたことがある方も多いでしょう。実際に政府の中ではこれを70歳に引き上げようとする検討がなされていますし、さらに数十年後には75歳に、ということになったとしても不思議ではありません。

ではその次は？　そうやってどんどん年齢が引き上げられていったとして、80歳から受給する年金に、果たしてどれだけの意味があるのでしょうか。

## 国の財政を見れば期待はできない

もちろん、実際に年金制度が今後どうなっていくのか、確かなことはわかりません。素晴らしい政治家が奇跡的に政府の財政状態を改善し、年金制度を保ち続ける可能性がないわけではありませんが、それに期待できると考える人は多くないでしょう。

**皆さんは「リアルタイム財政赤字カウンター」というウェブサイトをご存知でしょうか。**名前の通り、日本の財政赤字額を計算しリアルタイムに表示しているサイトです。

ここを見ると、本当に1秒置きに100万円単位で赤字が膨らんでいるというのを、目で見て理解することができます。

我々が住んでいるこの国の現実を知るためにも、ぜひ一度ご覧ください。

http://www.kh-web.org/fin/

ちなみにこの原稿を書いている2019年末時点で、日本の財政赤字は約1500兆円となっています。

## 年金はもらえたらラッキー

先ほども書いた通り、もちろん実際にどうなるかはわかりませんし、年金制度が維持されることを信じるのも自由です。

しかし、いざ老後を迎えて「期待していた年金がもらえなかった！」ではすみません。

私には、今の20代30代の若者たちはもちろん、私の世代でさえ先述のデータと同じだけの年金をもらえるようには思えませんし、**少なくとも年金はもらえたらラッキーくらいの気持ちで、自分の蓄えでなんとかできるよう準備をすべきであることに間違いはありません。**

今の10代20代の方が老後を迎える頃には、年金がまったくもらえないなんて可能性もあるのです。そうなれば、先述した老後に必要な資金１億３０００万円を、自分のポケットマネーで賄わなければならなくなります。

どんな大企業で出世街道を突き進んだとしても、それが簡単でないことは、誰でも想像がつくでしょう。

**また、年金だけでなく消費税をはじめとした税制の変化も考える必要があるでしょう。**

消費税が10％に引き上げられたことは記憶に新しいですが、基本的にこういった税金は下方硬直性があり、今後上がっていくことはあり得ても、下がっていくことは考えづらいものです。

消費税に絞って考えるならば、世界の中で日本の税率はまだまだ高くはない方です。先ほどの財政状況まで鑑みれば、今後数十年という単位で考えた時に、消費税が15％、20％と上がっていくことは十分に考えられることなのです。

## 人生１００年時代を破産せずに生き抜くために

さらに、人生１００年時代と言われるように、平均寿命も健康寿命も長くなる傾向にあります。テレビをつければ80代、90代でぴんぴんしているお年寄りの特集がされることがありますが、自分がいざそうなった時に、身体は健康なのにお金がなくて生活できない、では話になりません。

しかし現在の国の仕組みは、60歳で仕事をやめて、１００歳まで40年間遊んで暮らせるようには設計されていません。老後破産せずに１００歳まで生きるなら、70歳、80歳まで働かなくてはいけない。

その時になってから「若い頃になにかしておけば」と思っても遅いわけで、今から備えておく必要があります。

年金制度の破綻、消費税をはじめとした各種消費の増大、さらには人生１００年時代であること、これらをトータルして考えれば、２０１７年の数値を基準にした「老後２０００万円」は的外れな数値と言わざるを得ません。

これが令和の時代を生きる人々に課せられた運命なのです。本書にはそんな令和を生き抜くヒントを散りばめたつもりです。

繰り返しますが、いざそうなってから考えるのでは遅すぎます。ぜひ、今から来るべき老後に備えて行動を開始しましょう。

# 4　これまでの努力は報われない世界に

## すでに終身雇用崩壊は確定的

トヨタ自動車代表の豊田氏が、終身雇用を難しいとする発言をしたことを前に書きましたが、これはトヨタ自動車だけの話ではなく、間違いなく日本社会全体に波及する問題です。

そして、それはそう時間のかからない話であると私は考えます。**年号が令和から次の時代へと移り変わる前に、終身雇用制度は実質的に崩壊するでしょう。**

この豊田氏の発言の少し前には、経団連会長の中西宏明氏が「企業は従業員を一生雇い続ける保証書を持っているわけではない」との発言をしています。

経団連とは「企業の価値創造力強化、日本と世界の経済の発展の促進」を目的として日本の大手企業を中心に構成される団体で、まさに日本の経済界を見通す存在です。

そんな組織の代表が、直々に「終身雇用の終わり」を宣言しているわけですから、今この瞬間に**まだ「自分は正社員だから、これから先も安泰だ」と思っているようでは、人生設計が甘すぎる**と言わざるを得ません。

## 終身雇用の崩壊＝年功序列の崩壊

先述の中西氏は２０２０年年頭の所感として「従来通りでは日本経済や日本の社会システムがうまく回転しない。雇用制度全般の見直しも含めた取り組みをしていくのは大事なことだ」という発言もしています。

この「従来通りのシステム」というのはすなわち、新卒一括採用、終身雇用、年功序列を基本とした労働体系のことを指しています。

基本的に、終身雇用と年功序列というのはセットで扱われるものです。「年齢が上がるごとに（能力や実績とはあまり関係なく）昇給させてあげるよ、だから若いうちは我慢してね」というのが年功序列制度なわけですが、そこで終身雇用が保証されていなければ、労働者も納得するわけがありませんよね。

その納得いかない事態が実際に行われているのがリストラということになるわけですが、それはひとまず置いておくとして、終身雇用が崩壊するというのは、すなわち年功序列も崩壊することを意味します。

## 頑張った人が報われない世界

現代社会の在り方を考えれば、終身雇用や年功序列を維持するのが厳しくなっているというのは、その通りなのでしょう。しかし、私はこれらの仕組みが必ずしも悪いと言いたいわけではありません。

一人の人がずっと同じ仕事をすることを前提とする終身雇用制度ならば、スキルのない新卒をゆっくりと育てることができます。そうして、同じ仕事を繰り返し年月が経過すれば、基本的にその仕事におけるスキルは上がるでしょう。であるならば、それに従って給与が上がるのもまた自然なことです。

種々の問題があることは否定しませんが、このような前提・価値観のもとで仕事に励み、頑張ってきたのが、これまでの日本のサラリーマンです。

終身雇用と年功序列の崩壊は、こういった価値観における努力が報われない世界になるということを意味します。これまで一つの仕事を20年頑張ってきたけど、明日にはその仕事をコストの低いフリーランスに任せます、という経営判断もあり得るわけです。

もちろん、そうならないための努力や、成果主義の会社で良い評価を得るためにする努力は必要でしょう。それは立派なことですし、これから社会に出る若者たちはそちらに舵を取るべきなのかもしれません。

しかし、これまで10年20年という月日を、従来の日本の価値観の下で頑張ってきた人たちに対して**「これまでの価値観はもう通用しないから、あなたのこれまでの頑張りは無駄ですよ」**という言葉を突き付けてくるのが、令和という時代なのです。

それはいくらなんでもかわいそうだ、そうは思わないでしょうか。

## そもそも自分の仕事は将来残っているのか？

終身雇用や年功序列という仕組み上の話以外にも、あなたの10年後の仕事を危ぶむ要素はたくさんあります。

経営が傾いたシャープが台湾の鴻海（ホンハイ）精密工業の傘下に入った例からも

わかるように、10年後も安泰だと言い切れる企業などもはや存在しません。企業自体がそうなのですから、「あなたが所属している部署」「あなたが今やっている仕事」が10年後もある保証など、どこにもないのです。

テレビをつければＡＩに人の仕事が奪われるといった未来予想図が盛んに語られているように、あらゆる仕事がそうなのです。あなたが今やっている仕事は10年後20年後、必ずあると言えるでしょうか？

15年前の我々は、スマートフォンがこれほど普及することを想像もできませんでした。それと同じだけの進化が、これからの時代、必ず来ます。その中で「安定している」と言える仕事がどれだけあるのでしょうか。

今の頑張りが10年後20年後に報われるかどうかはわからない、それなのに老後には備えなければならない、そんなジレンマをどう解決すれば良いのでしょうか。

# 5 令和を生き残るためのキーワードは「資産形成（＝不労所得）」

## 法律も、一つの仕事で生きることを前提とはしていない

世間では「働き方改革」が盛んに叫ばれています。長時間労働や、サービス残業を前提としたいわゆるブラック企業が厳しく取り締まられ、サラリーマンたちの労働環境が改善されるのは素晴らしいことです。

その一方で、残業が減れば当然得られる給与、手取り額も減ります。このことと、これまでご説明したトピックを一度整理して考えてみましょう。

・老後２０００万円問題　↓　年金はアテにならず、自らの力で老後に備える必要が

ある。実際には1億円以上のお金が必要。

・働き方改革　↓　残業が規制され、一つの会社で働く時間（＝得られる給与）が制限される。その一方で政府は副業を推進している。

・終身雇用・年功序列の崩壊　↓　一つの会社で長い年月働けるかどうかはわからない。働けたとしても、それに比例して給与が上がるとは限らない。

これらのことから導ける結論は一つ、**メインで働いている会社の給与以外の収入源を持つしかない**ということです。社会の仕組みや法律が、そもそも一つの会社の給与だけで生活することを前提としなくなっているのです。

## 労働だけでは限界がある

老後のために収入を増やさなければならない、となった時に日本人が陥りがちな悪いマインドが「労働を増やそう」というものです。

例えば働き方改革で残業が減り、代わりに副業が解禁された時に、それなら終業後や週末にアルバイトをしようというのでは、単に会社での労働がアルバイトでの労働に置き換わっただけで、なんの意味もありません。

そうやって身を粉にして頑張ったところで、１億円の貯金などできません。それどころか、無理な労働で身体を壊してしまう人もいます。

## お金の教育をされていない日本人

日本人はお金を稼ぐことに対する理解が浅いとよく言われます。これは、お金に関する教育を学生時代に受けていないのですから、ある種当然のことで、みんなお金を稼ぐ＝労働であるという価値観を植え付けられて社会に出ます。

しかし、それでは豊かな人生を歩めない時代であるというのは、これまでご説明してきた通りです。

**労働というのは、自らの体力と時間をお金に変換する行為です。そのやり方だけで、大きな金額を稼ごうとすれば、当然、体力と時間がなくなります。**身体を壊してしまったり、趣味の時間を過ごすという人生のゆとりが失われてしまったりするわけです。

したがって、労働以外の収入源を考える必要があるのですが、それを日本の学校はまったく教えてはくれません。

一つ補足しておきたいのは、私は決して労働をやめろ、と言っているわけではないということです。

メインの仕事としてサラリーマンを続け、一定額の給与を受け取りながら、その外側に「自分自身の体力や時間をほとんど使わずに、ある程度のお金を受け取ることができる仕組み」を作るのが理想です。

## 答えは資産形成して不労所得を得ること

「そんなことができるの？」と思われた方もいらっしゃるかもしれません。実は、しっかりとお金について学べば、それは難しいことではないのです。

キーワードは「資産形成」です。

**資産とは、簡単に言ってしまえば「自分のもとにお金を運んできてくれるもの」のこと**です。例えば私は不動産投資を専門としていますが、私が買ったマンションは、毎月家賃収入という「お金」を私に届けてくれるため、資産であると言えます。

一方で、自分が住むために買うマイホームというのは、お金を運んできてはくれませんよね。したがって、これを資産とは考えません。

もちろん、そのマイホームを売りに出せばお金は入ってくるわけで、そういう意味では一般的には持ち家＝資産と定義されることが多いのですが、売りに出すためにマイホームを買う人はいませんよね。

というわけで、本書における資産というのは「お金を稼ぐ目的で持つもの」という定義で語っていきたいと思います。

## 時給500万円も夢ではない

ちなみに私の場合は、家賃収入が年間4000万ほど、そのうちローンの返済などを済ませた手残り（利益）が1000万円ほどです。今でこそ脱サラをしましたが、不動産投資をはじめたのはサラリーマンの頃で、ずっとサラリーマンを続けながらこの副収入を築き上げました。

年収１０００万円を稼げる副業、ということならば様々な方法があるでしょう。それについては後程詳しく解説しますが、私が少しだけ自慢に思っているのが、不動産の管理に私自身が使う時間は年間でたった２時間であるということです。

時給にしてみれば５００万円。これならば、本業が忙しいサラリーマンでも身体に負担をかけることなくできますし、趣味の時間も確保できます。

事実私も、趣味である旅行を心置きなく楽しむ生活ができています。

# 6 年収1000万円のサラリーマンは裕福か？

## サラリーマン一本は本当に無理なのか

ここまで、サラリーマンが令和時代を豊かに生き抜くには会社以外の収入が必要であり、そのためには資産を持つことをオススメします、という話をしました。

もしかしたら読者の皆様の中には、会社の仕事に情熱を燃やし、「副業には興味がない！」「自分はこの会社で出世して、それで十分生きていける！」という人もいらっしゃるかもしれません。

もちろん、仕事に情熱を燃やし、それを生きがいとすることは素晴らしいことだと思いますが、あくまで収入面だけで考えた時に、会社の給与だけで老後まで豊かな生活を送れる人などほとんどいません。

例えば、年収１０００万円と言えば、サラリーマンの収入としては一つのステータスであり、一般的に「成功者」とされるラインだと思います。

しかし、仮に都内在住で結婚していて子どももいるとなれば、この年収１０００万円であっても、そう裕福な生活ができるという水準ではないのです。

さらに一家の家計を自分一人で支えるといった人ならば、なおさらでしょう。もちろん配偶者や子どもの有無、共働きかどうかといった環境は人それぞれですが、少なくとも「年収１０００万円あれば即勝ち組で、一生安泰である」というほど簡単な話でないのは間違いありません。

## 年収が増えれば出費も増える

年収500万円の人が1000万円になったとして、老後のために蓄えられる金額が500万円増えるわけではありません。

そもそも支払うべき税金の額も増えますし、たいていの人は年収500万円の頃よりも良い家に住み、良いものを食べます。

もちろん、それ自体は年収の増加によって人生が豊かになっているということですから、悪いことではありません。しかし、これまで語ってきた将来への備えという意味において、**年収1000万円のサラリーマンが500万円のサラリーマンの2倍安全とは到底言えないのです。**

それどころか、一度上がった生活水準は、なかなか落とすことができません。

どんなに良い給料をもらっていたところで、定年退職すれば収入はリセットされます。サラリーマン時代に生活水準を上げてしまった人ほど、老後の生活で身を崩す、といった話もよく耳にします。

年金生活になったからと言って、すぐに食費を４万円にできるでしょうか。おんぼろの中古車で我慢ができるでしょうか。エリートサラリーマンとして良い生活をすればするほど、それは難しくなるのです。

それが定年退職後であればまだマシですが、どんなエリートサラリーマンであろうと10年後の仕事が保証されていないのは、これまで解説した通り。もしも現在40歳で年収１０００万円のサラリーマンが、50歳になった時に会社の倒産やリストラに遭遇したら……**決して現在の年収が十分だからと言って、会社の給与だけで十分だと考えてはいけない**のです。

# 7 病気で働けなくなっても生きていけますか？

## 働けなくなる恐怖

ここまで、会社の給与一つだけの収入で生きていく危険性を語ってきました。決してサラリーマンの方々を乏しめたいわけではありません。これらの考えは客観的な事実と、そして私自身が28年間サラリーマンとして働いてきた中で得られた経験から生まれた考えなのです。

私はもともと、新卒で入ったＩＴ系の会社でＳＥ（システムエンジニア）として働いていました。

まだ働き方改革など誰も考えたことのない時代です。朝から晩まで働き、深夜残業も当たり前。副業などする時間も、しようという発想すらもなく、この会社で結果を残して、会社の給与で家族を養う、そんなこれまでに書いてきた「悪い例」そのままのサラリーマンでした。

契機となったのは41歳の頃。胃潰瘍で倒れてしまったのです。

原因は過労と、そこからくるストレスでした。ストレス性の胃炎は「ＳＥ病」などと呼ばれることもあるくらい、ＳＥであれば誰でもかかる可能性のある病気です。

ちなみにＳＥ病と呼ばれる病気は、この他に腰痛とうつ病があります。お気づきかと思いますが、これらの病気は何もＳＥだけがなるものではありません。ＳＥという職業が長時間勤務になりやすく、ストレスを抱える人が多いというだけであり、毎日残業漬けの生活をしていればどんな業種であれ、こういった病気にかかってしまう人は少なくないのではないでしょうか。

中小企業であっても、社内にこれらの病気で長期休暇を取ることになった人が一人もいない会社というのは、ほとんどないのではないかと思います。

## 休めば解雇になるぞ

思い返せば、私の同僚にも、うつ病で会社をやめた仲間がいました。しかしそれまで健康だった私は、それを他人事としか思えなかったのです。

幸い、私自身の病は大事には至らず、すぐに職場に復帰することができたのですが、その時先輩に「復帰できなかったら解雇になるぞ」と言われ、はじめて病気が原因で仕事を失うということを、自分の人生にも起こり得ることなのだと認識したのです。

これまで社会情勢を背景に、将来の見通しが難しいことについて語ってきましたが、**病気こそ誰にとっても平等に起こり得ることであり、どんな仕事であっても続けることが困難になる可能性があるものです。**

ここで私は、今の会社の仕事、ひいては自分の労働力によってのみ収入を得ている現状に大きな不安を覚えました。今回はたまたますぐに復帰することができましたが、次にまた重い病を患うことがないとは限りません。

当時の私はマイホームのローンも残っていました。子どもは小学校に入ったばかりで、これからよりいっそうお金がかかる年頃です。いくらかの貯金があったとはいえ、ここで仕事を失ったら大変なことになるのは間違いありませんでした。

# 8 なぜサラリーマンは『金持ち父さん貧乏父さん』を実践しないのか？

## 一冊の本の存在

会社の給与以外の収入を作らなければならないとは思ったものの、それまで副業をしようなどとは考えたこともなかった私は、なにをして良いのかさっぱりわかりませんでした。そこでふと思い出したのが、本棚に置いてあった『金持ち父さん貧乏父さん』（ロバート・キヨサキ著）という本の存在です。

この本は、労働だけでは豊かになれないことや、資産を持つ重要性といった、「お金を稼ぐこと」に関するバイブル的な本で、お金に対する教育を受けたことのない日本人は絶対に読むべき一冊と言えます。

この本自体は、大ベストセラーとなった本ですから、読んだことがある人は非常に多いでしょう。**しかし「それを実践していますか？」と聞くと、はいと答える人は驚くほど少ないのです。**

内容が素晴らしかった、感銘を受けたとみんな口では言いますが、実際に行動に移すことはせず、結局読む前と変わらずにサラリーマンとして、会社の仕事だけに精を出している。それでは人生が変わるわけはありません。

とはいえ、私自身もそうでした。病気になる以前にこの本を読んで、労働だけでは豊かになれないことも、資産を持たなければならないことも、マイホームが資産とは呼べないことも、すべて「知識」としては知っていたはずなのに、どこか自分とは関係のない世界の話のような気がして「実践」することができていなかったのです。

## 豊かになりたければ洗脳を解け

本を読んでも、行動に移さなければ、なんの意味もありません。極論を言えば、その本に支払ったお金と、読むのに使った時間が無駄になるだけです。

私自身は、その後『金持ち父さん貧乏父さん』に書かれていることを実践しようと考え、不動産投資をはじめたことで、今は労働から解放された上で豊かな暮らしを手に入れることができました。

できることであれば、『金持ち父さん貧乏父さん』が私の人生を変えてくれたように、本書が誰かの人生を変えるものになってほしいと願いながら、今この原稿を書いています。しかし、**そのためには皆さんが本書に書いてあることを実践することが何より大切です。**

行動力が大切だと書いてある本は星の数ほどありますが、それでも実際にビジネス書に書いてあるようなことを実践している人はごく少数です。なぜみんな行動できないのか、本書を読んでくださった皆さんが実際に行動を起こすために、まずはその原因を私なりに分析してみました。

## 【理由1】自分で決められない

会社というのは基本的に合議制によって物事を決める組織です。みんなでじっくり話あって、少なくとも過半数が納得するような形で事業を進めていきます。そしてそれは、会社に入るはるか前、子どもの頃から「みんなと仲良くするように」「自分勝手はいけません」と言って我々に刷り込まれている価値観なのです。

一方で副業にせよ起業にせよ、ビジネス書に書いてあるような成功法則というのは「他の人と同じことをやっていたら同じような結果にしかならないのだから、自分一人で行動しなさい」という類の話です。

サラリーマン、特に社内で優秀とされるサラリーマンというのは、基本的にこういった日本の社会でまじめに頑張ってきた人々です。**だからこそ、日本文化の悪い側面も色濃く影響を受けてしまっているのです。**

いくら副業が一般的になりつつあるとはいえ、まだ「なんでそんなことやっているんだ」「そんなことやる暇があったら会社の仕事を頑張れ」というマインドを持つ人は多いでしょう。あなた自身がそう思っていなくとも、あなたのまわりの人がそのように考えていることを、優秀なあなたは肌身で感じ取っています。そしてそれが、あなたの行動力を削いでいるのです。

まわりの空気を読んだり、みんな意見を取り入れることは、サラリーマンとして生きる上では重要なスキルですが、自分の力で豊かな人生を歩むという意味ではある種、負の洗脳のような側面があります。**まずは自分がそのような洗脳を受けているということを認識するのが、行動力を身につける第一歩**と言えるでしょう。

## 【理由2】自分のお金を投資に使わない

『金持ち父さん貧乏父さん』には、労働だけしていても豊かにはなれないということが書かれていますが、その中で特に特徴的なのが「自分が働かない代わりにお金に働かせる」という内容です。すなわち、「投資」です。

ほとんどの日本人は投資をしません。労働こそが美徳とされ、不動産にせよ株式にせよ「リスクが大きい」「楽して儲けようとしてもうまくいくわけがない」といったイメージで語られることがよくあります。**これもまた、我々が子どもの頃から刷り込まれているマイナスの価値観です。**

また、投資と言うと、こういった不動産投資や株式投資のイメージを持つ方が多いのですが、自分自身に投資をする、いわゆる自己投資というのも重要です。自分のスキルを上げたり、特別な経験を積むためにお金を使う。それによって自分の収入が上がるのであれば、これもまた「お金を使うことでお金を稼ぐ」ことであり、投資と言えるでしょう。

この自己投資においても日本人は消極的です。例えば簿記の資格があれば会社での仕事において有利になるという場合、もし会社側で「簿記の学校に通うお金を会社が負担します」という制度があれば、多くの人が勉強をします。しかし、もしそういった制度がなければ、途端に誰も簿記の勉強をしようとはしなくなるのです。

自分で授業料や試験費用を払わなければならないのは「もったいない」と考えるのでしょうが、それによって仕事の成果が上がり、結果として収入が増える公算があるのであれば、それは有用な「投資」であり、決してもったいなくはないのです。

**この「もったいない」に支配され、不動産や株式の投資も、自己投資も蔑ろにするのが日本のサラリーマンの性質です。**

『金持ち父さん貧乏父さん』では、お金持ちになりたければ労働者をやめて経営者か投資家になるしかないと書かれています。経営者になれば事業投資の連続ですから、**投資なしでは豊かになることは絶対にできないのです。**

もちろん「なにどれくらい（時間やお金を）投資するのか？」というのは難しい問題ですが、そもそも投資をするという発想がないのでは人生が豊かになることはないということを意識しましょう。

## 【理由3】早く決めない

これは【理由１】の合議制とも関連する内容ですが、とにかく決断が遅いというのが日本企業の特徴です。じっくりと話あって、できる限りリスクを減らした上でないと挑戦できない。

もちろん企業経営であれば、ある程度慎重になる場面が多くなるのも仕方ありませんが、個人の人生においてはそれではいけません。基本的に結果を出せる人というのは「早く行動した人」です。

なぜかと言えば、一つはおいしい話はすぐに大勢の人が参入してきて競争過多になるためです。これはいけると思ったら、他の人がそれに気づく前に一歩を踏み出す行動力が必要です。

もう一つは、そもそも行動を先送りにしている人は「行動しないで終わる」からです。皆さんがこの本を読み終わり、内容については納得してくださったとします。しかしそれでも、皆さんのうちの何割かは「今はまだいいや」「会社の仕事が落ち着いたらやろう」などと決断を先送りにするでしょう。

**この時、本業の仕事があるというのは、ある種の言い訳になってしまいます。**きっと皆さんは会社の仕事も頑張っていて、もしかしたら家事や子育てをしていて、毎日忙しい日々を過ごしていると思います。そんな中、なにか新しいことをはじめようというのは、とても大変なことです。その大変なことをやるためには、やろうと思った瞬間にすぐ行動する必要があります。

会社と言う組織の中で働く中で、徐々にこの「スピード感」を失っていく人が非常に多くいます。まずは自分の「スピード感」が鈍っていることを自覚し、とにかく速度感を持って意思決定することを意識してみましょう。

## コラム① 不動産投資・木村の場合

### 41歳で最初の一部屋を購入

不動産投資に関する内容は第3章以降で詳しく解説していきますが、ここではコラムとして、私自身や私がアドバイスして実践された方々の実際の投資歴を簡単にご紹介していこうと思います。

今回はまず私の投資歴をお話しします。

体調を崩し、資産形成の重要性に気づいた私が目をつけたのが不動産投資でした。これもこのあとのページで詳しく解説しますが、サラリーマンの副業として行うのであればネットビジネスや株式投資よりも、不動産投資が適していると考えたためです。

自分でネットやリアルの交友関係を駆使して情報を収集。最初に購入したのは41歳の頃で、都内にある中古のワンルームでした。

幸い、その時点で20年近くまじめにサラリーマンとして働いていた経歴があったため、銀行ローンもすんなり借りることができました。

## 他のビジネスにはない安定感

投資のためにローン、すなわち借金をしているわけですから、最初は当然不安もありましたが、購入して3カ月ほど回した段階で、これは良いぞと手ごたえを感じたのを覚えています。

というのも、その時点で本当に毎月「安定した」家賃収入を受け取ることができていたのです。

実際には、入居者が支払う家賃から、自分が返済するローンが差し引かれるわけで、3カ月でたいした金額が得られたわけではありません。しかし、毎月決まった日に決まった額が入金されるという点に対して、私は「これはいける!」と感じました。

これが株式投資やFXならば、最初の3カ月に勝っていたとしても、そのあとそれ以上に負けてしまうことはいくらでもあります。

しかし家賃収入は違います。3カ月間うまくいったということは、少なくともその入居者が出ていくまでの数年はその金額が安定して振り込まれ続けるということです。

ということは、部屋の数を2倍3倍と増やしていけば、それに比例して収入も上がるということ。すぐに次の物件を探しました。

## どんどん部屋数を増やしていった

「これは間違いない！」と感じた私は、すぐに都内に同じような中古のワンルームをもう二部屋購入しました。

もちろんこれも銀行ローンですから、元手はかかっていません。ただ物件を探して手続きを済ませれば、毎月の収入が増えるという状態です。

しかしながら中古のワンルームは、そもそも設定されている家賃が小さく、それはつまり私の手元に残る利益もあまり大きくないということです。副業としての収入額はまだたいしたものではありませんでしたが、こうやって少しずつ規模を拡大して、不動産に対する知識はもちろん、税金や確定申告などサラリーマンのままではなかなか学ぶことのできない知識を得られたのは良い経験でした。

## ついに一棟ものを購入

そのあとは会社の方が忙しく、2年ほど不動産投資の方は休憩していました。休憩、と言っても私自身が何もしていないだけで、家賃収入は変わらず振り込まれます。

こうなるといよいよ「もっと大きな投資をして大きなリターンを得た方が良いじゃないか！」ということで、仕事の方に少し余裕ができたタイミングで、ついに新築木造のアパートを一棟まるごと購入しました。43歳の頃です。これもすぐに入居者が入りました。

この頃には不動産選びのノウハウも自分の中で確立できてきたので、不安もストレスもありません。もはや「一棟買えば年収が100万円上がる」という感覚。

買ったら得をするというよりも、買わないと損だ、というくらいに思っていました。

## １億２０００万円の投資

こんな風に調子が良いことを言っていますが、不動産投資にも一つだけ難しい点があります。それは買いたい時に良い物件が市場に転がっているとは限らないことです。

私もどんどん物件を増やしていきたかったのですが、都内になかなか良い物件が見つからず、地方の物件にも手を出しました。

地方の物件と都内の物件では、少し考え方や投資のノウハウが変わってくるのですが、これもすんなりと軌道に乗り、いよいよ気持ちの上では不動産投資が本業となりつつありました。

その後はリーマンショックの影響で物件が買いづらかった時期などもあり、次にチャンスが回ってきたのが45歳の頃です。

ＲＣ（鉄筋コンクリート）造の新築マンションで、その価格は1億2000万円。

投資をはじめる前の私なら間違いなく大きなリスクだと感じていたと思いますが、その頃の私にはすでにチャンスにしか思えませんでした。

その後もこの規模のマンションを買い足していき、50歳になる頃に脱サラをしました。

正社員として28年務めたわけですから、サラリーマンとしてもそれなりの金額を受け取ってはいましたが、もはや家賃収入の方がはるかに効率が良く安定した収入源となっており、もう会社にいる意味がなかったのです。

# 第2章

# 自分の未来を守ってくれる「資産」の作り方

## 1　フローとストックを理解しろ

### 学校では学べないお金の基本

第1章では、会社の収入だけに頼っていると令和の時代を豊かに暮らすのは難しいこと、その対策に資産を持たなければならないことを解説しました。

この第2章では、具体的な資産の作り方をお話しようと思いますが、第1章の内容がピンと来なかった人のために、改めてここで学校では学べないお金の基本を詳しくお話しようと思います。

まずお金を稼ぐと言った時に、それがフローなのかストックなのかを意識する必要があります。

フローとはその名の通りお金の「流れ」、すなわち一定期間にお金がどれくらい動いたか、ということです。例えば毎月40万円の給与を受け取っているのであれば、その人の年間の収入フローは４８０万円ということになります。

一方でストックとは「蓄積」、すなわちある日付時点でその人が持っているお金の総額、ということで「資産」とほぼ同義と思って良いでしょう。例えば年末の時点であなたの貯金残高が１００万円であれば、ストックは１００万円です。

また、50万円で売れる宝石を持っているのであれば、それもまたストックであり、貯金残高とあわせて１５０万円のストックを持っていることになります。

## 価値のあるストックとは？

一般的なストックの定義はこの通りですが、お金を稼ぐという意味において価値のあるストックというのは「フローを生み出すストック」のことです。

例えば預金口座に100万円置いてあっても、銀行の利息などないに等しいですよね。宝石はお金に換金することはできても、それ以上の収益を生むことはありません。

一方で不動産や株式は継続的にフロー＝収益を生み出してくれます。安定した豊かな生活を手に入れたいのであれば、この「フローを生み出すストック」をどれだけ持てるか、が重要なのです。

第1章で紹介した『金持ち父さん貧乏父さん』の、マイホームは資産（＝ストック）ではないというのはこういうことです。マイホームは自分に家賃収入を運んできてくれることはないどころか、維持費などでお金が出ていきますから、本書の定義におけるところの資産とは言えないわけです。

## サラリーマンはフローしか見ていない

サラリーマンであれば、多かれ少なかれ自分の年収を気にすると思います。年収

５００万円の人は７００万円を目指し、７００万円の人は１０００万円を目指すでしょう。

このようにフローのことは気にするのですが、ストックのことは一切気にしていないことが本当に多い。

第１章で書いた通り、労働から生まれるフローは、仮に今年は１０００万円であったとしても、数年後にどうなっているかはわかりません。外部要因によっていくらでも減ってしまう可能性があるのです。また、年収１０００万円の人が、２倍たくさん働いて年収２０００万円にしようということもできません。そんなことをしたら身体を壊してしまいます。

だからこそストックが重要なのですが、それを気にするサラリーマンはほとんどいません。気にするとしてもせいぜい預金口座の残高くらい。**「フローを生み出す（価値のある）ストック」を意識して生活している人はほとんどいませんし、それでは豊かになることはできません。**

まずは「給与を上げるためにはどうすれば良いか？」といったフロー思考を一度捨て去り、「フローを生み出すストックをいかに作り出すか？」というストック思考を身につけましょう。

# 2　価値のあるストックとは？

## ストックビジネスを知ろう

サラリーマンは価値のあるストック＝資産を持たなければならないと語りましたが、この資産というのが具体的にどんなものか解説していきたいと思います。

列挙していくとキリがないので、今回はサラリーマンが本業の仕事をしながらサイドビジネスとして構築することができそうな資産に絞ってお話しします。

### ①不動産

私が専門としている不動産は、最も代表的な資産の一つです。家賃収入から管理費や銀行ローンの返済などを差し引いた手残りがフローとして毎月発生します。**毎月決**

**まった額が入る安定感が特徴です。**

### ②株式

保有している株式も当然資産です。配当金はもちろん、株価の値上がり益といったフローが生まれます。

ただし価値が目減りして損をする可能性があるのが特徴です。ＦＸ投資のために持つ外貨なども近い性質を持ちます。

### ③特許、権利

見落としがちな資産がビジネスに使うことのできる権利です。

例えばあなたがなにか画期的な商品の特許を持っていたとします。別の誰かがその商品を使ってビジネスをするたびに、あなたには特許料というフローが発生するため、これもまた資産と言うことができるわけです。

**④ビジネスノウハウ**

例えばあなたがせどりで儲けるノウハウを持っていたとします。そのノウハウを使えば毎月売上というフローを生むことができるわけですから、その知識もまた広義の意味では資産であると言うことができるでしょう。

**⑤アフィリエイトサイト**

ブログをはじめとしたインターネットコンテンツも、広告料などのフローが発生するのであれば立派な資産と言えます。私はユーチューブでの動画発信も行っていますが、それもやはり資産です。

いかがでしょうか。これらはほんの一例ですが、このような資産を持てば持つほど、安定した収益が生まれるようになります。

株式投資の世界では、一つの株が値下がりしても他の株でカバーができるよう複数の銘柄に投資するのがセオリーとされています。それは人生設計においても同じです。

**会社からの収益が傾いても、不動産やアフィリエイトでの収益があるから大丈夫、という人生にするために「資産がどれだけあるか」が重要となるのです。**

# 3 サラリーマンが最も手を出しやすいのは不動産投資

## 不動産投資＝家賃収入をもらうこと

このように、サラリーマンが働きながら作れる資産というのはたくさんあります。

では、この中で一番良いのはどれか？

私は、不動産投資であると断言します。もちろん、それぞれのビジネスには一長一短がありますが、**サラリーマンの副業と考えた時に最も相性が良いのが不動産投資なのです。**

まずそもそも不動産投資とはどんなものなのか、説明したいと思います。

不動産投資に関するよくある誤解が、不動産の「売買」によって儲けているというものです。

もちろん、買った不動産を売ることも可能ですし、それも重要な不動産の価値ではあります。

しかし、もう一つ重要なのが、アパートやマンションに入居した人が支払う家賃が自分の収益となる点です。

もう一つよくある誤解が、莫大な貯金がなければ不動産を買うことができないというものです。

詳しくは第3章で解説しますが、不動産の購入は基本的に銀行ローンで行います。

この家賃収入から支払うローン及び管理費（マンションやアパートの管理にかかる費用で、基本的に管理は管理業者に委託します）を差し引いた残りが自分の利益となります。

おおまかな指標として、**購入金額の2〜3・5%程度が年間の利益となります。**

不動産にはアパートかマンションか、新築か中古か、一部屋か一棟まるごとか、など様々な種類があるため、購入金額はピンキリです。比較的少額な中古のワンルームで都内の場合は２０００万円程度、マンション一棟となると1億円以上のものもたくさんあります。

それぞれの利益を３%で計算すると、中古ワンルーム（購入金額２０００万円）ならば年間60万円、マンション一棟（購入金額1億円）なら３００万円くらいということになります。

## 不動産投資のリスク

不動産投資のリスクは入居者が入らないことです。入居者がいなければ、当然、家賃収入は発生せず、ローンの返済や管理費の支払いだけがかさむことになります。

入居者が入るかどうかには様々な要素があります。

一つは立地や間取りなど、投資をする側の自分には変えようのない条件です。

当然、駅から遠い物件や、地方の物件は入居者が見つかりにくくなりますが、たいていの場合そういった物件は管理費等のコストが低めに設定されており、いざ入居者が見つかったあとの利回りが良く設定されています。

それを加味した上で、どんな物件を選ぶのか、というのが不動産投資の成否を決めるポイントです。

もう一つは家賃の設定や広告を出すかどうかといった、投資をする自分があとからある程度コントロールできる要素です。

こういった部分を工夫することで、入居率を少しでも高めることも重要となります。

# 4 なぜサラリーマンには不動産投資なのか

## 会社との両立を考えると

では、なぜ不動産投資がサラリーマンにとって最適なのか。

**最大の理由は「時間がかからないこと」です。**

例えば株式やＦＸといった投資をはじめるにせよ、せどりやアフィリエイトといったビジネスをはじめるにせよ、そこには膨大な時間が必要です。まずこれらは、かなり専門的な知識を身につけなければ絶対に稼ぐことができません。したがって、はじめるまでの勉強に時間を取られます。

いざスキルが身について軌道に乗ったとしても、短期保有であれば頻繁に株式をチェックしなければなりませんし、常に最新の情報を手に入れておく必要があります。せどりやアフィリエイトなどはそもそも労働力を割かなければ稼ぐことができません。

それに対して不動産投資は買ってしまえば、あとは管理会社に任せるだけですし、最初の「どの不動産を購入するか」という部分に関しても不動産業者と相談することができますから、株式投資などに比べてかなりハードルが下がります。

現在定職を持たない人が一念発起してお金を稼ぐぞ、というのであれば、こういったビジネスも選択肢に上がるでしょう。しかし**サラリーマンが、本業である会社の仕事をやりながら、無理なく副業を持つという観点で見れば、不動産投資ほど少ないリソースで行うことができるものはありません。**

## 不動産投資なら年間2時間しかかからない

副業を考えた私がまず不動産投資を選択したのも、まさにこのような理由からです。

当時は残業規制などもなく、朝から晩まで働き詰めの毎日でした。終電を逃がしてタクシーで帰ることもあれば、休日出勤も日常茶飯事。

そんな中で株の勉強をしたり、せどりのための作業をしたりするための時間を捻出することは物理的に不可能だったのです。

一方、私が現在、不動産のために割く時間は年間で2時間といったところです。その2時間で、約1000万円の手残りが生まれます。

なんと時給にして500万円。

夢があると思っていただけるのではないでしょうか。

## 管理会社がすべて行ってくれる

なぜそんなに少ない時間でマンションの運営ができるかと言えば、実際の作業はすべて管理会社が代行してくれるためです。

マンションの管理と言うと、入居契約、家賃回収、入居者の募集、退去時のクリーニング、苦情対応などなど様々です。せどりにしろアフィリエイトにしろ、一般的なビジネスというのはこういった作業をすべて自分の手を動かして行うわけですが、**不動産だけでは管理会社がすべて代行してくれるようにできています。**

もちろん、その道のプロフェッショナルとなれば、他のビジネスであっても面倒な作業は外注するという方法もあります。しかし、これまで副業など考えたことのないサラリーマンが、いきなり外注で回る仕組みを作ってビジネスをするというのは、かなりハードルが高いと言わざるを得ません。

もしかしたら不動産投資と聞いた時に「不動産のことなんてまったく知らない素人だから怖い、自分には無理だ」と感じられた方もいらっしゃるかもしれません。

しかし、**会社の仕事だけをしてきた「副業素人」にこそオススメできるビジネスが、不動産投資なのです。**

# 5　他の投資は不動産投資のあとでやれ！

## 投資にはベストな順番がある

それでもやはり「投資」と聞くと、株式投資やFXのことを思い浮かべる人の方が多いかもしれません。

確かに、株やFXにもメリットはあります。これらの投資はリスクもありますがリターンも大きく、短期間で稼げる（可能性のある）金額では不動産投資よりも大きくなりやすいでしょう。

しかし、**そういった投資をやりたければ、不動産投資のあとにやれば良いのです。**

先述の通り、不動産投資は、一度物件を購入してしまえばそのあとは手間がかかりません。また、銀行ローンを使って購入するため、自分の貯金を減らす必要もありません。

まず不動産投資を軌道に乗せ、年間で１００万円なり２００万円なりを稼げるようになったら、それを元手にそのほかの投資をすれば良いのです。

そうすれば、もしその投資に失敗したとしてもプラスがなくなっただけ。本業である会社の給与や、もともとあった貯金は一切減っていないわけですから、生活が苦しくなるようなことはありません。少なくとも、もう1年経てばまた１００万円稼げるわけですから、そこで再チャレンジすることもできます。

逆に、最初に貯金を元手に株式投資をはじめ、失敗してしまえばやり直しが効きません。もしあなたがすでに十分に相場の知識を持っているのであれば良いですが、そうでないのならば、最初にそんなリスキーな選択をするメリットはありません。

また、株やＦＸで利益を得られるようになったとしても、これらの投資は毎月の利益が安定しません。今月50万円勝ったとして、その50万円を次のビジネスに投入した途端に翌月負ける可能性もあるわけです。

その点、不動産投資は毎月決まった額が振り込まれます。したがって次のビジネスをやる上で非常に計画が立てやすいという利点があるのです。**会社一筋で生きてきたサラリーマンの最初の副業は不動産投資しかないと断言できます。**

## 収益を再投資するのが黄金ルート

少し話はそれますが、この不動産投資で生まれた収益で次のビジネスをするというのは非常にオススメの考え方です。

不動産投資(に関わらず副業)によって年収が１００万円アップしたとして、その１００万円を贅沢に使ってしまっては、なんの意味もありません。前にも書いた通り、一度上げた生活水準は落とすことができません。家賃収入がゼロになることはほとんどあり得ませんが、会社の方がどうなるかわからないのはこれまで書いてきた通り。

では、どうするか。

貯金をする、という回答をする人が多いのではないでしょうか。それが一番堅実なやり方に思えるかもしれませんが、**貯金というのは「価値のあるストック＝資産」ではありません。**せっかくお金ができたのであれば、それを資産に変換すべきです。

私の場合はどんどん規模の大きい物件を購入することで、雪だるま式に収入を増やしていくことができましたが、株やＦＸに興味があるのであれば、その段階でやってみるのも良いでしょう。十分に収益があれば、勉強がてらに投資をしてみるということもできます。

世の中お金持ちのところにお金が集まる、などと言われることがありますが、それならばまず不動産投資でお金持ちの側に回ってみましょう。

## 6 たった「5万円」で仕事は楽になる

### 給料とは別に、毎月同じ日に同じ金額が入る安心感

先ほど書いた「毎月同じ額が入ることによる安心感」というのは、他の副業にはない不動産投資だけの大きなメリットです。

経験してみないとわからない感覚かもしれませんが、給料とは別に、毎月同じ日に同じ金額が入るというのは言葉では言い表せない安心感があるものです。

これは私自身の実体験ですが、たとえたったの5万円であっても「これから毎月確実に5万円が振り込まれる」というのは、将来の不安をかなりやわらげてくれるものです。

もちろん、何十万何百万の収入があるならそれにこしたことはありませんが、最初

の一歩としてまずはこの5万円の効果を皆さんにも感じてほしいなと切に思います。きっとはじめに通帳を見た時は感動するはずです。

## 会社との向き合い方が変わる

これは、ただ「5万円儲かった！　ラッキー！」という喜びがあるという話ではありません。それならば会社で昇給をしても同じです。重要なのは会社の収入とは別に、安定収入があるという部分です。

サラリーマンなら誰しも、上司に無茶な仕事を指示されたり、取引先と揉めたりしてストレスを感じることがあるでしょう。むしろ、そんなことばっかりだという人も多いかもしれません。

私自身もそういったストレスフルなサラリーマン生活を送っていたわけですが、そんな時会社以外の安定収入があると**「いざとなれば会社以外のところでも稼げるんだ**

**ぞ」という気持ちになれる**のです。

収入が増えれば増えるほど会社と対等になった気分になれます。そうなると仮に無茶な指示をされた時にも「それはできません」としっかり言うことができるようになります。もしくは、言いがかりのような叱責を受けた際にも適当にスルーする余裕が生まれます。

そうやって「自信」と「余裕」を持って日々の会社生活を過ごしていくと、徐々に自分が働きやすい環境になっていくのです。

日本人にはイエスマンが多いなどと言われますが、それは自分で稼ぐ能力がなく、誰かに依存しないと生きていけないからではないでしょうか。

こればかりは経験してみないことにはピンとこないと思います。ぜひ一人でも多くの読者の方がこの「5万円の影響力」を実感してくださることを願っています。

# 7　会社員より不動産投資の方が「安定する」

## 不動産投資はＡＩに奪われない

多くの日本人は、企業の正社員や公務員を「安定した職」と言います。そして皆、安定した職につくことを望み、逆に自営業や投資家として生きる人に対して「そんな不安定な職で大丈夫？」と声をかけたりすることすらあります。

しかし、サラリーマンの仕事が安定とはほど遠いことは第1章でお話しました。

そこで不動産です。不動産は本当の意味で「安定」するのです。

まず、倒産したり、リストラされることがありません。災害などで失われることはあっても、その場合は保険が下ります。

そしておそらく、ＡＩに不動産投資家という職が奪われることもないでしょう。不動産オーナーになるには生身の人間が登記する必要があります。ＡＩによるアドバイスなどが活かされる時代がくるとしても、その権利者は必ず人間です。

20年後に確実に存在している企業などもはや存在しないであろうことは、東芝をはじめとした様々な企業を見ていればわかることですが、20年後に不動産というものがなくなることはないと言い切れます。

## 家賃は値崩れもしなければ、価格競争になることもない

次に、家賃というものは、値崩れもしなければ、価格競争になることもありません。

株価は景気によって左右されます。アメリカと中国の外交問題、といった我々ではどうしようもない要素で一気に下落することもあれば、リーマンショックのような世

界的な不況の波に飲まれることもあります。

しかし、リーマンショックの際に皆さんの家賃が「不況だから……」と言って安くなったでしょうか？　なっていないですよね。**家賃は景気に左右されないのです。**

また、家賃は価格競争になることもありません。

例えば、あなたが今はやりのタピオカドリンクのお店を出したとします。価格は１杯６００円。ではすぐ近くにほぼ同じメニューを５００円で出すお店があとから出てきたらどうでしょうか。

一つはメニューにオリジナリティを出したり、店内の雰囲気にこだわったりして差別化を図るという方法があります。しかしそれができなければ、残る手段はこちらも価格を下げることだけです。こうやって、競合が多くいる業界では価格競争が起きるわけです。

では家賃はどうでしょうか。

あなたが1LDKの部屋を10万円で貸し出していたところに、あとからほぼ同じ立地、同じ間取りで9万円の部屋が現れたとします。確かにそのエリアで1LDKの部屋を探している人は、9万円の部屋を選択するでしょう。

しかし「その次に部屋を探しに来た人」はどうでしょうか。もうすでに9万円の部屋は埋まっているのですから、あなたの10万円の部屋を選ぶしかありません。と言うか、そもそもさっきまで9万円の部屋があったという事実すら知ることはないでしょう。

不動産は、タピオカミルクティーのように大量の在庫を抱えながら毎日何百人もの人に売りさばくビジネスモデルではないため、競合との間に価格競争が発生しないのです。

もちろん、まわりに10万円の部屋がたくさん空いている中で、同じような部屋を11万円で提供していたら入居率が下がってしまいますから、オーナーと不動産業者とが相談して家賃を多少調整することはあり得ます。

しかしそもそも一度入居したら数年はその人は住み続けてくれるわけで、そんな調整の機会もそう多いものではありません。

**結果として、不動産はあなたに5年後も10年も、毎月同じ金額の収益をもたらしてくれるのです。**

安定していれば贅沢はできなくても良い、そんな言葉をよく耳にしますが、本当に安定が欲しいのならば、やるべきは会社員よりも不動産なのです。

# 8　資産家一族になれ

## 子どものことを思うなら……

私にも子どもがいますが、子どもがいる人にとっての人生とは、自分の人生だけでなく、子どもの人生でもあります。子育ての方針は人それぞれとはいえ、親の人生が子の人生に影響を与えることは間違いありません。

例えば、親が地主で、自分もそのあとを継いで何不自由なく生活する人というのも世の中には存在します。皆さんのこれまでの人生の中でも一人くらいはそういった知り合いがいたのではないでしょうか。もしかしたらそういう人を「自分とは違う世界」とか「うらやましい」と思った人もいるかもしれません。

**自分が不動産を持つということは、自分の子どもたちをそんな存在にしてあげるということなのです。**

不動産は自分の子孫に相続することができます。他のビジネスや株式投資で自分がお金持ちになったとして、そのお金は子どもに残すことはできますが、不動産ならば子孫代々に受け継がれ、その間ずっとお金を生み出すことができます。これまで散々書いてきた通り、手間は一切かかりませんから、子どもの夢を邪魔するようなこともありません。

こんな資産家一族に、あなたの一族を、あなたの代で変えることができるのです。

## お父さんより不動産

一家を支え、マイホームのローンを返し、子どもを育てる。そのために自分は身を粉にして働かなければならない、そんなプレッシャーを日々感じているお父さんは多いのではないでしょうか。かくいう私自身がそうでした。

自分の体力は徐々に落ちていくのに、必要なお金はどんどん増える。少しでも自分が動きを止めたら、妻も子どもも路頭に迷ってしまう。そんな状態のお父さん方と、そんな状態の旦那さんを持たれている奥様方に伝えいいフレーズが「**お父さんより不動産**」です。

お父さんは頑張りすぎて身体を壊してしまうかもしれません。今どんな優れたスキルを持っていても、10年後にはＡＩにとって代わられるかもしれません。第1章で書いた通り、サラリーマン＝お父さんの仕事というのは、残念ながら安定しないものなのです。

一方で不動産は病気になりませんし、ＡＩによってどうこうなるということもおそらくはないでしょう。お父さんよりもはるかに安定した存在なのです。お父さんの背中に家計をすべて預けるのではなく、少し不動産に頼ってみてはどうでしょうか。

こう書くと、もしかしたらお父さんの頑張りを否定しているように受け取られるかもしれませんが、そうではありません。

先ほども書いた通り、私自身お父さんとして「しんどい」日々を送っていました。そんな日本のお父さん方に、少しでも楽になってもらいたい。また、世の中の奥様方には、お父さんにそんなにプレッシャーをかけないであげてほしい。そんな思いを込めたフレーズが「お父さんより不動産」なのです。

## コラム② 不動産がくれた家族との時間

### 生徒の大半は40歳前後のサラリーマン

不動産投資アドバイザーとして様々な方の相談を受けていますが、私のもとへくる人の多くが、かつての私のような40歳前後のサラリーマンです。

みんな裕福というほどではないですが、生活に困窮するほど貧乏というわけでもない。ただ、その歳まで会社の仕事一本で、副業なんてやったことがないという人々が、第1章で解説したような時代の流れに気づき、急にこのまま会社員だけで大丈夫なのかと不安を覚え私のもとを訪れるのです。

多くの人には家族がいて、大半は子どもがこれから大きくなってお金がかかる時期。会社も中小企業ではそこまで年収の伸びにも期待できず、貯金も多くない。給与だけで一家を幸せにできるのか、そんな不安を抱えながら日々多忙な業務に取り組み、精神も肉体もすり減らしていく。

かつての私自身を含めて、そんなサラリーマンは本当にたくさんいます。

そんな方々に不動産投資のアドバイスをしていて、本当に不動産投資には「再現性がある」ということを実感しました。

ビジネス書に書かれる成功法則というのは、多かれ少なかれ、その著者が持っている特異な能力によって成功しているような部分があります。しかし不動産は違います。男性だろうが女性だろうが、20代だろうが60代だろうが、確かなノウハウがあればうまくいきます。決して「木村だからうまくいった」わけではないのです。

そして、より多くの同じような状況のサラリーマンたちにこの技を伝えたいという思いで本書を書いています。

## ディズニーランドに行けて良かった

そんな生徒の一人、Aさんの話を紹介しましょう。

Aさんもまさに40歳前後のサラリーマンでした。奥さんと共働きで、幼稚園に通っているお子さんがいらっしゃいます。本当であれば奥さんはまだ小さい子どもと触れ合う時間を増やしたいけれど、旦那さんだけの収入では将来に不安があるとおっしゃっていました。

こんな家庭は、本当に日本中にたくさんあると思います。

そんなAさんに不動産投資のアドバイスをし、実際に物件を買ったのが約1年前。年収が500万円くらいの方でしたが、5000万円ほどの一棟ものを購入し、年間の収益が約150万円ほどです。

この、年収の10倍程度の融資を受けて不動産を購入するというのは、比較的よくある水準で、多くのサラリーマンが実現できるレベルの話です。それで年収が１５０万円上がるのです。会社の給与を１５０万円上げようとしたら何年かかるでしょうか？

そんなAさんとつい先日久々に会ったところ「不動産投資のおかげで家族みんなでディズニーランドに行くことができました。ありがとうございます」と声をかけていただきました。

Aさんは地方在住。親子３人で地方からディズニーランドに行き夜は一泊するとなれば、普通の家庭にとってはちょっとした贅沢でしょう。私も28年間のサラリーマン生活を送り子どももいますから、この幸せはよく理解でき、なんだこちらも暖かい気持ちになることができました。

脱サラして起業しよう、という本を最近はよく見ます。もちろんそうやって成功すればいきなり年収数千万円になれる人もいるかもしれません。

ただ、家族がいるサラリーマンは、なかなかそんな挑戦はできません。今いる会社で頑張り続けながら、堅実にこの「ちょっとした贅沢」を享受できる不動産投資は、子どもとの時間を大切にするお父さんお母さんにもぴったりな副業であると言えます。

今はまだ奥さんも働かれているとのことですが、Aさんも不動産投資の安定感を実感してきた頃でしょう。いずれは奥さんも会社をやめて、愛する子どもたちとかけがえのない時間を過ごしたいとおっしゃっていました。

第3章

# サラリーマンこそ徹底活用すべき「ローン」の話

## 1　不動産投資に初期費用は不要？

### 銀行融資で買うのが当たり前

ここまでお読みいただいた皆様は、きっと不動産投資に興味を持ってくださったと思います。

しかし多くの方が心配に感じられるのが、初期費用の問題です。

ここまでも軽く触れてきましたが、**不動産投資の費用は銀行からの融資、すなわちローンを組んで賄います**。皆さんがマイホームを買う時は銀行でローンを組むと思いますが、それとまったく一緒。

もちろん、自分のポケットマネーと銀行ローンとを組み合わせることもありますが、全額を自らのお金で購入することは、不動産投資を専門としている投資家でも、まずありません。場合によっては、自分の手持ちのお金を一切使わず、銀行ローンだけで不動産を購入することもあります。

こんなことを書くと、今度はローンを組むことに不安を覚える方もいるでしょう。ローン＝借金であり、一般的に日本では借金は良くないことであるとされています。これもまた、お金の教育を受けていない日本人特有の洗脳です。ここでは二つの観点から、この借金について解説していきたいと思います。

## お金持ちは借金をしたがっている

まず一つ目は、不動産投資家に関わらず、世間のお金持ちはみんな「借金をしたがっている」ということです。

第2章でお金を稼ぐためにはフローを発生させる価値あるストック＝資産を持つこ

とが必要だという話をしました。しかし、資産を持つためにもお金が必要です。すなわちお金をかけることでより大きなお金を作る、というのが世の中のお金持ち全員が実践しているアクションなのです。

私であれば、銀行から融資されたお金を使って不動産という資産を買うことで、家賃収入というフローを生んでいます。経営者であれば、お金を使ってビジネスモデルを構築することで、そのビジネスモデルそのものが資産として売上をもたらしてくれます。

すなわち、お金をかければかけるほど儲かるようにできているのです。借金というのは「もっとお金を稼ぐための最初の一歩」でしかありません。

それを知っているお金持ちたちはみんな借金をしたがっています。私のまわりでも「早く良い物件を見つけて数億円のローンを組みたい！」と思っている人ばかり。

世間で悪とされる借金は、生活費が足りなくなったりギャンブルをするために借りるような「資産以外のものに使う借金」です。これと「資産を手に入れるためにする借金」を混同していては、絶対にお金持ちになることはできないのです。

## ローンを返すのは自分ではない

二つ目に、不動産投資ならではの考え方を解説します。

不動産投資のために組んだローンの返済金というのは、自分が支払いにいくものではありません。自分が得られる家賃収入から天引きされるようなイメージを持ってもらえるとわかりやすいと思います。

実際には25日に家賃が入金され、翌月5日にローンの返済金が引き落とされるといった具合ですが、当然家賃の額がローン返済額を上回っているので、セットで見れば返済のために自分の貯金残高が目減りするようなことは一切ないのです。

**言うならば、自分の代わりに入居者の方が自分のローンを返済してくれているよう**

**なものです。**

多くの人が借金を嫌がるのは「返せなくなったら大変」ということだったり、そうでなくとも「毎月の返済がプレッシャーになる」という感覚でしょう。

しかし不動産投資の場合は、毎月の収入が返済額を上回っているので、「今月はいくら返済しなくちゃ」という気持ちを抱くことがそもそもないのです。

# 2　不動産わらしべ長者になれ

## 最初はスモールスタートで良い

ローンを組むことに対してそんな不安を感じる必要はまったくないのですが、とはいえこのような心理的な問題は、理屈だけではなかなか払拭できないものです。

そこで、もしも高額のローンを組む勇気が出ないのであれば、最初は小規模のスモールスタートではじめるというのも一つの手です。

私も最初は比較的手の出しやすい中古のワンルームからはじめました。今思えば「稼ぐための最短ルート」という意味では、もっと高額の物件からはじめても良かったかもな、と思いますが、そうやって手堅い物件で徐々に自信をつけていったからこそ、今の私があるとも言えます。

## 不動産投資を信用できる

私が最初に購入したその中古ワンルームの物件は、購入金額が２０００万円程度。利回りを３％とすると、年間の利益は60万円ですから、まさに「月５万円」の収入でした。それだけでは老後資金の足しにもなりませんし、人生が変わるとは言えません。

**しかしその５万円は「信用」を生みます。**

一つは、私自身の不動産投資に対する信用です。５万円とはいえ、これだけスムーズに安定収入が生まれたのだから、次は４０００万円の物件を購入すれば10万円入るはずだな、という自信が生まれました。そうやって徐々に「投資マインド」が身についたことは、大きく人生を変えてくれたと言えるでしょう。

## 銀行に信用される

もう一つが、銀行の私への信用です。

銀行ローンを組めるかどうかというのは、簡単に言ってしまえば銀行にあなたへの信用があるかどうかで決まります。

まずは小額のローンで中古ワンルームを購入し、そのローンをちゃんと毎月（家賃収入から差し引かれるという形で）返済していけば、この人はお金を貸してもちゃんと返してくれる人だという信用を得ることができます。

その信用を積み重ねることで、今では1億円以上のローンをいつでも組めるようになりました。

## わらしべ長者のようにステップアップ

私は、最初の投資から現在に至るまで2000万円↓6000万円↓1億2000万円↓1億3000万円と徐々に規模を拡大してきました。その結果、私の手元に残る利益も、一番はじめの年60万円から、今では1000万円以上にまで成長しました。

どのくらいの規模からはじめるかは人それぞれですが、最初から1億円のローンを組んで数百万円の利益を上げようと考えたら、ハードルが高く感じてしまうでしょう。しかし、まずは月々数万円のローンからはじめられると考えたらどうでしょうか。

そうやって手の届くところからはじめて、わらしべ長者のように収入を大きくしていきましょう。

# 3 ローンはサラリーマンに与えられた「ご褒美」である

## 「ローンを組みやすい」という最大の武器

私がサラリーマンにこそ不動産投資をオススメする理由が、実はもう一つあります。**それはサラリーマンには「ローンを組みやすい」という最大の武器がある**ということです。

第１章では、サラリーマンという仕事は実は全然安定していないという話をしました。しかし、世間的な認識としては、やはり「サラリーマンは安定した手堅い職業である」というのが一般的でしょう。銀行もそのように判断します。

銀行からすれば、融資をしたお金が返ってこないというのが最大のリスクです。そこでサラリーマンであれば、仮に入居者がまったく入らなかったとしても、会社の給与が毎月支払われているから、返済が滞る可能性は低いだろうと判断できるのです。

したがってサラリーマンは個人事業主やアルバイト、専業主婦などと比べて圧倒的にローンを組みやすく、これは不動産投資をする上でこれ以上ないメリットであると言えます。

## 目安は年収の10倍

どのくらいのローンを組めるか、と言うと、それは様々な要素によって左右されるので、一概には言えません。

住宅ローン（マイホームを買うためのローン）の基準はある程度一定ですが、投資のためのアパートローンとなると銀行がＯＫを出す基準が景気によって左右されたりもします。あなた自身に問題がなくとも、銀行側が「前期で大口の融資を決めてしまったから、今期は少し制限しよう」といったこともあり得るのです。

とはいえ、おおざっぱな相場観としては、**年収の10倍程度の金額までであれば、はじめてであっても比較的組みやすい**と言えます。

年収３００万円であっても中古のワンルームを買うことは十分に可能ですし、年収５００万円以上であれば５０００万円クラスの一棟ものを購入することも夢ではありません。

## レバレッジをかけろ

株式投資であれば、自分の貯金が１００万円なら、その額で勝負しなければなりません。利回りが10％だとしても、年間10万円しか稼げないということになります。

そこで重要なのが、レバレッジという考え方です。

例えばＦＸの世界では１００万円しか元手がなくとも１０００万円分の取引をする

ことができます。こうすれば利回り10％であっても１００万円の利益。元手を2倍にすることができます。

このように、自分の元手に倍率をかけて大きなリターンを得ようとするのがレバレッジです。

ただし当然ながら、このやり方は損失も10倍になるということ。だからＦＸは、ハイリスクハイリターンの選択です。

一方、不動産のローンと言うのは、先ほども書いた通り入居者が勝手に返してくれるものです。すなわち、**ほぼノーリスクで10倍のレバレッジをかけた取引をすることができるのが不動産投資**なのです。

こんな投資は、他には絶対にありません。

## 数少ない「まじめにやってきたサラリーマンに対するご褒美」

サラリーマンというのは、学生時代からまじめにコツコツと目の前の課題に取り組んできた人たちであると私は思っています。受験戦争を勝ち抜き、就活競争を乗り越え、やっと会社に入ったと思えば上司の指示に従い、残業にも耐えながら頑張り抜いてきた人たちです。

かつてはそうやって頑張ってきたことに対するリターンとして、終身雇用と年功序列という制度があったわけですが、それがもはや崩壊しているのは第１章で説明した通り。

そんな時代に残された、数少ない**「これまでまじめにやってきたサラリーマンに対するご褒美」が、銀行ローンと不動産投資である**と私は考えています。

「ただサラリーマンであるだけ」ではなんのメリットもない時代になりつつある現代において、せっかくサラリーマンをやっているのに不動産投資をしないなんて、もったいない以外の言葉がありません。

# 4　融資を受けやすい人の条件

## 会社の信頼度＝融資の受けやすさ

サラリーマンは銀行からの融資を受けやすいという話をしましたが、当然、融資を受けやすい人もいれば、サラリーマンであってもちょっと受けづらいという人もいます。

先述の通り、融資を受けられるかどうかは銀行側の都合にもよるので確かなことは言えませんが、ここではおおまかな傾向を解説していきたいと思います。

銀行からすれば、融資を行うことの最大のリスクは、返済が滞ってしまうことです。したがって、確実に返済が見込める人ほど、大きな金額を融資しやすいということになります。

ではサラリーマンの返済能力はどこで決まるか？

やはり、それは年収です。したがって「年収の10倍くらい」という目安が生まれるわけです。


そしてもう一つ、会社の規模やネームバリューというのも重要な要素です。

ここまで再三書いてきた通り、サラリーマンの待遇というのは会社の経営状況によって簡単に左右されます。

極論、その人がどれだけ優秀で、現在高い給料をもらっていても、数年後に倒産しそうな企業であれば、銀行は融資できないわけです。

## やはり強いのは大企業

そういう意味では、やはり強いのは上場企業をはじめとした大企業です。売上等の会社規模はもちろんのこと、創業から長い会社というのも、長い間健全な経営を続けているということで、信頼を得やすくなります。

もしくは、逆にここ数年の成長率が大きい企業です。

いずれにせよ、ローンを返済するまでの今後数年間、手堅く利益を出せそうな企業であるかどうかというのを銀行側はチェックしています。

## これから就活する学生はネームバリューで会社を選べ

最近では20代で不動産投資をはじめる人というのも増えています。不動産というのはある種長い年月をかけてローンを返済することで徐々に自分のものになっていくという性質のものですから、早くはじめられればそれだけ大きな利益を生むことができます。

もしあなたが今学生で、社会に出てから不動産投資をしたいと思うのであれば、会社の規模やネームバリューは気にしてください。

最近はベンチャー企業などの方が実務経験をより多く積むことができて、スキルアップのためには良いといった風潮もあります。もちろんそれも事実ではありますが、不動産投資とそのための融資という観点で考えるならば、絶対に大企業の方が優れています。

もしも同じような職種で、大企業かベンチャーか悩んでいるという人は、不動産投資をする気があるかどうか（サラリーマンとして生きていくなら絶対にすべきなのですが）というのもふまえて就職先を決めるのが良いでしょう。

# 5　中小企業のサラリーマンが融資を受けるには？

## 中小企業でも問題ない

　ではすでに中小企業で働いているという人は、不動産投資をすることができないのでしょうか？

　もちろん、そんなことはありません。一つの目安として資本金が1億円程度の会社であれば、十分に融資を受けることが可能です。

　また銀行融資というのは、自分で申請するのではなく、不動産を紹介してくれる企業がまとめて手続きしてくれる場合もあります。これについては第4章で詳しくお話しますが、融資を引っ張ってくる能力というのも業者によって様々ですから、情報収集をして銀行融資に強い業者を見つけるというのも一つの手です。

では「1億円以下の資本金しかない会社は?」と言うと、そういう会社でも不可能などということはまったくありません。今述べたような不動産業者の能力であったり、あとは銀行側の都合によって十分に融資を受けられるケースもあります。

ただし手続きのスピード感であったり、借りられる金額の大きさと言ったところに、多少差が出てきます。

## 海外転勤前に買え!

これは絶対に融資を受けられないというパターンが一つだけあります。

それは海外に住所がある場合です。基本的に、海外に住所がある人に対して日本の銀行は融資をできません。

これが問題になりやすいのが、海外転勤のある会社に勤めている場合です。もしも自分が海外転勤をする可能性があるのであれば、必ずその前、日本に住所があるうちに手続きを済ますようにしましょう。

## 公務員はさらに有利

ではサラリーマン以外の業態の場合はどうでしょうか？

まず一般的にサラリーマンと同等か、それ以上に手堅い仕事であるとされる公務員は、やはり銀行からの信頼も厚く、非常に融資を受けやすい職業と言えます。実際に、市役所勤務、教師、自衛隊などに勤める不動産投資家は多くいます。

もちろん地方公務員であっても問題ありません。同程度の給与の民間企業と比べて、はるかに融資の受けやすい「ローンに強い職業である」と言うことができます。

たまに学歴がないから良い会社は無理だ、と悲観している学生さんがいらっしゃいますが、もしも具体的にやりたい仕事がないのであれば、**地方公務員→不動産投資というルートで人生逆転できる可能性は大いにあります。**

## 個人事業主は確定申告をしっかりすること

個人事業主や自営業をしている人は、どれくらい安定して稼ぐことができているのかが重要となります。

それを銀行側に証明する手段が、確定申告です。早ければ２～３回しっかりと黒字で確定申告をすることで、十分に融資を受けることが可能です。

とはいえ、人によっては節税等のためにできるだけ経費をたくさん計上して利益を抑えたいと考える人もいるでしょう。そういった場合は、節税面でのメリットと不動産投資のメリットの比較となりますが、中には個人事業主を優遇する銀行というのもあるため、そういったところを狙うのも一つの手です。

銀行と一口に言っても、どのような基準で融資を決めるかはそれぞれ違います。全体で見ればサラリーマンの方が融資を受けやすい傾向はありますが、中にはサラリーマンよりも個人事業主や経営者の方が「不動産投資という事業をうまく回す経営センスがあるはずだ」と考える銀行もあります。

## 物件が良ければ可能性あり

また、個人のステータスとしては不利な条件がそろっている人であっても、物件が良ければ融資を受けられる可能性があります。銀行とすれば、しっかり返済さえされれば会社の規模など関係ないとも言えるわけで、「確実に入居者が入りそうな良い物件」であれば、その人の会社がアテにならないとしても問題ないと考える場合もあります。

融資を受けられるかどうかは銀行側の都合、あなたとあなたが所属する会社の持つステータス、そして物件情報の３つの要素が複雑に絡み合うものですから、ぜひ諦めずに挑戦してみてください。

## 6　融資を受ける裏ワザ

### 大企業に入れなかった人にもチャンスはある

なかなか融資を受けられないという方は、思い切って転職してしまうというのも一つの手です。もはや転職がごく普通のこととなった現代であれば、融資を受けやすいステータスを持った企業に転職できるチャンスは案外転がっているものです。

とはいえ、そう簡単に融資を受けやすいような大企業に転職できるのであれば苦労はありません。そこで**私がオススメする「裏ワザ」**が、**上場企業子会社に転職するという方法**です。

誰もが名前を知るような上場企業は、たいてい「〇〇システムズ」「〇〇運輸」といった子会社を持っています。中にはその会社の規模自体はそこら辺の中小企業となんら変わらず、転職のハードルが低いところもあります。

そういう企業は基本的には待遇面でも中小企業と変わらないため、純粋にサラリーマンとして転職するメリットは大きくないこともよくあるのですが、不動産投資をやる気があるとなれば話は別です。

中小企業程度の規模であっても、親会社が大企業であるというだけで、安定した手堅い企業であると判断して融資してくれる銀行は結構あります。

例えばＳＥならＳＥ、営業なら営業という同じ職種で、かつ、**まったく同じ待遇の仕事であっても、上場子会社であることによって融資を受けて不動産投資をはじめ、結果として年収を数百万円上げるということが可能**なのです。

どうでしょうか、いかにも裏ワザという感じがしませんか。

ちょっと変わったところでは、トラックの運転免許を持っていたため、上場企業の運送部門を担当する子会社に転職して融資を受けた、という人もいます。

## 外資系企業もねらい目

上場子会社と同じくねらい目と言えるのが、外資系企業の日本法人です。

本社はアメリカにあり、世界中に拠点を持つグローバルカンパニーであっても、日本法人の従業員は10人20人というところはざらにあります。入社の難易度も、本社に比べればだいぶ下がるでしょう。

この場合も銀行は、アメリカ本社の規模を信頼して融資を出してくれるため、非常に強い属性を手に入れることができます。

このように**「実際の規模（=入社しやすさ）」と「銀行の評価」にギャップがあるところを狙っていけば、大企業に入れなかった人でも十分に逆転のチャンスはある**のです。

## 都会に出ろ

一般的に、賃金は地方よりも都会の方が高い傾向にあります。もちろん都会の方が物価も高いため、生活水準という意味では大差がないのですが、銀行融資の審査はあくまでも額面をチェックするので、同じ生活水準であっても都会に住んで年収をカサ増しする方が賢い選択と言えます。

一つ実例を紹介しましょう。

仙台在住40代のＳさんが勤めていたのは、とても小さな会社で、年収は３５０万円ほどでした。その年収でもなんとか融資を受けて不動産を買えないことはありませんが、高額の物件は不可能です。

そんな時Ｓさんは「東京のタクシードライバーは収入が高い」と聞き、一念発起して転職。無事に年収アップして、多額の融資を受けることに成功しました。

このケースでもやはり、純粋な給与の変化だけなら、Sさんはわざわざ引っ越してまで転職しようとは思わなかったはずです。わずかな給与の上昇が、不動産投資と言うレバレッジによって生涯年収を数千万円変えるということを理解すれば、Sさんのような大胆な選択ができるのです。

転職や引っ越しは簡単な選択ではありませんが、今の人生に満足しておらず、「どこかで逆転したい！」と考えている方は、ぜひここで本気になって転職を考えてみてください。

## 夫婦で力を合わせろ！

銀行によっては、夫婦の年収を合算して審査してくれるところもあります。例えば旦那さんの収入が４００万円、奥さんの収入が３００万円ならば、世帯年収７００万円として融資をしてくれるのです。

詳しくはこのあと第４章で説明しますが、年収７００万円ならいきなり1億円クラスの物件を購入して、数百万円の収益を受け取るのも夢ではありません。

共働きをしている家庭なら、こういう技が使えるというのは頭の片隅に入れておきましょう。

## コラム③ 人生逆転

### クビからの逆転劇

今回は第3章で解説した融資の仕組みをうまく使って、人生逆転を成功させたKさんのエピソードをご紹介します。

リーマンショックの頃の話です。

当時20代前半だったKさんは、現在の奥さんとの間に子どもができ、プロポーズをしたそうです。これから幸せな家庭を築いていこうと決意した矢先に事件は起きました。なんとそのプロポーズの翌日に、リーマンショックの影響で経営が傾いた勤め先からクビを言い渡されたのです。

フィクション作品でもそうそうお目にかかれないような衝撃的な人生。もちろん本人からすれば笑いごとではありません。

奥さんはもちろん、生まれてくる子どものことも幸せにしなければならない。なんとか再就職したKさんですが、リーマンショックの真っただ中では好待遇の仕事も見つからず、月収は13万円。結婚式も挙げることができなかったそうです。奥さんは妊娠しながら働いていたと聞きます。

少しでも給与を上げなければと試行錯誤したKさんは、まず大手企業の派遣社員として転職。多少は待遇も良くなりましたが、まだまだ豊かとは言えません。

家はシャワーもないボロボロの公営住宅。なんとかこの人生を逆転させる術はないものかと必死に情報収集をする中で、不動産投資のことを知りました。

しかし、派遣社員では銀行から融資を受けることはできません。そこでKさんが試みたのは正社員への昇格です。

その会社は年に数回、派遣社員を対象とした正社員登用試験を行っていました。当然、誰しも派遣社員よりは正社員でありたいわけで、競争率は激しく、合格率1％の厳しい試験です。Kさんは何度も落ちましたが、そのたびに努力し、ついには正社員の座を勝ち取りました。

それだけで給与が何倍にもなるというわけではありませんが、大手企業の正社員となれば融資を受ける上では非常に有利。まず新宿にワンルーム、その次は名古屋に中古アパートを一棟、とどんどん規模を拡大していきました。

今では、Kさんももう33歳。家賃収入だけで当時の給与を大きく上回っているそうで、私の不動産コミュニティで講師もしていただいています。

## 何歳であっても遅くない

どうでしょうか。学生時代の努力だけで人生の豊かさが決まってしまうと考えている人もいるかもしれませんが、まったくそんなことがないということをKさんは教えてくれます。

もちろん、これはKさんの頑張りあってこそのこと。ですが、不動産投資という、頑張れば頑張っただけ報われる仕組みがあるということが非常に重要なのです。

今苦しい生活をしている方も、正しい努力さえすれば必ず人生は好転します。それにやみくもに年収を上げると言っても雲をつかむような話に聞こえてしまいがちですが、「まずは大手企業の子会社に正社員として入る方法を探す」という具体的な目標があれば、頑張れる人も多いのではないでしょうか。

何歳であっても、遅いということはありません。ぜひ、ここから先の人生を豊かにする努力を、今日からはじめてみてください。

# 第4章

# キムラ式不動産投資法

# 1　不動産投資に最適戦略はあるのか？

## 100億円の投資の経験をセオリー化

本書は不動産のノウハウを伝える本ではなく、日々頑張っている日本のサラリーマンに対して、これまでの価値観が通用しづらくなっていることに一刻も早く気づいてもらったり、日々頑張っていることに対するご褒美としての不動産投資という選択肢を知ってもらうことを目的に執筆いたしました。

したがって、こんな物件がオススメだとか、不動産投資のセオリーだという話はこれまでしてきませんでしたが、せっかくここまで本書をお読みいただいた皆さんのために、この章では私がこれまでの不動産投資で培った「キムラ式不動産投資法」の一部をご紹介したいと思います。

## 人それぞれで取るべき戦略は異なる

まず最初に押さえておいていただきたいのは、最適な投資のやり方は人それぞれであるということです。例えば、物件の良し悪しを決める要素はごくごく簡単なものだけでも

・新品か中古か
・一部屋か一棟か
・都心か地方か
・アパートかマンションか
・木造か鉄筋か

など様々あります。特にどれが良いということではなく、これらの要素すべてに一長一短があるのです。

また、人それぞれ不動産投資をする目的は違います。サラリーマンを続けながら年間200万円程度の副収入が欲しいという人と、脱サラをして不動産一本で生活していきたいという人では、当然取るべき戦略は異なってきます。

このような自分自身の目的や、その時々の物件事情を鑑みて最適な投資の仕方を判断する必要があるのです。

## 入居率と利回りは負の相関がある

その中で、基本的な考え方として大事なのが、入居率と利回りは負の相関があるということです。

前にも少し触れましたが、駅から遠かったり、そもそも人口の少ない地方にある物件というのは、駅近物件や都心の物件と比べて、入居者を探すのが難しくなります。入居者がいない間というのは当然家賃収入は入らず、ローンの返済や管理費の支払いだけがかさむため、非常にリスキーであるということができます。

ただ、大概の場合、こういった物件はいざ入居者が入った場合は利回りが良いようにできています。

一方で人口の多い駅の近くで、そこそこ手ごろな家賃の物件であれば、入居者はすぐに見つかりますから、身銭を切らなければならないリスクは低くなる一方で、最終的な利益も小さくなります。

また、入居者を探すのが難しい物件であれば、広告を出すべきかどうか、出すのであればどんな媒体にするのか、などいろいろと工夫すべきことがあります。

契約によっては不動産業者がやってくれることもありますが、このような手間を割けるのであれば、利回りの良い物件にチャレンジするのもアリでしょう。

自分の性格や忙しさに応じて、チャレンジングな物件にすべきか、利回りが低くても堅い物件にすべきかを決めていくというのが基本的な考え方となります。

## 人のやり方を鵜呑みにするのは危険

不動産投資の本やインターネットの情報を見ると、初心者向けのセオリーのようなものが語られていることがあります。

しかしそれですら「地方の物件の方が利回りが良い」と言っているものもあれば「都心の方が入居率が高くて安定する」と言っているものもあり、そう簡単に信じてしまうのは危険なのです。

さらに言えば、その本の著者とあなたとでは、置かれている環境も重視している要素も違うでしょう。であるならば、ただその人の投資法を鵜呑みにしたところで、あなたが満足できるとは限らないのです。

# ２　キムラ式不動産投資法の３つの特徴

## 忙しいサラリーマンでも着実に買え、再現性が高い

私はこれまで、約10年間自ら不動産投資をし、５億円の資産を築いてまいりました。また同時にコミュニティを通し１０００名以上の方にコンサルティングやアドバイスをし、計２００億円以上の投資を導いてきました。その実績を通じて体系化した私独自のノウハウがこのキムラ式不動産投資法となります。

この投資法には次のような特徴があると自負しております。

**①着実に買える**

**②再現性が高い**

## ③忙しいサラリーマンでもできる

一つずつ順番に解説していきたいと思います。

### ①着実に買える

私のもとに訪れた400名の生徒のうち、一定数は私のもとへ来る前に不動産投資をはじめていました。しかし私の目から見てその9割は、うまくいっているようには見えなかったのです。

不動産投資の失敗というのは大きく分けて二つです。

一つ目は良くない物件をつかまされてしまうこと。買った時は利回りが良かったとしても、見る人が見れば数年後には入居者が入りづらくなるであろうことが容易に予測できる物件を買わされてしまうような場合です。

そしてもう一つは、勉強をしているのに不動産を買えないという人です。中には

１００万円以上する投資セミナーを受講していたにも関わらず、具体的な物件の紹介等はなく、良い物件を購入する機会に恵まれていないというような人もいました。もしも今、不動産投資のセミナーやコミュニティに入っている、もしくは入ろうとしているのであれば、実際にそのセミナーやコミュニティを通して不動産を購入した人がどれくらいいるかを必ず確認してください。

その点キムラ式不動産投資では、ほぼすべてのメンバーが実際に不動産を購入し、活き活きとした人生を送っています。

もちろん、すぐに良い物件を手に入れることができるかどうかは、その人の持つ属性（融資を受けやすいかどうか等）にもよりますが、本書に書いている通り、もし今現在はそうでなかったとしても継続的に行動を続けることで必ずいつかは人生を変える良い物件に巡り合うことができますし、そこまで継続的にサポートするのがキムラ式です。

## ②再現性が高い

先ほども書いた通り、不動産投資の最適戦略はその人の置かれた環境や目的によって異なります。どれだけ実績のある人であろうが、そのやり方をあなたがマネしてうまくいくとは限らないのです。

したがって、ただ本を読んだだけでわかった気になるのは非常に危険です。なんとなく不動産投資に興味を持ったという人は、本当の自分の目的がなんなのかを知る、カウンセリングのような部分からはじめる必要があります。

## ③忙しいサラリーマンでもできる

私自身がサラリーマンの状態で不動産投資を開始したこともあり、私のコミュニティを訪れる人はサラリーマンが大半です。サラリーマンが忙しい本業と、不動産投資を並行するためには極力手間がかからない方法を取る必要があります。

単に入居率や利回りといった、数字的な成功だけでなく、本業とのバランスまで含めた人生全体を考える必要があるのです。

したがって本気で不動産投資に取り組みたいという方に対しては、個別でアドバイスをする必要があります。身近に不動産投資で成功している方がいるのであれば、そういった人に話を聞くのも有効ですし、いないのであればぜひ私のもとへご連絡をください。きっとお役に立てるかと思います。

そういった前提をご理解いただいた上で、本書ではある程度一般化できるセオリーのような部分について解説していきたいと思います。

## 3　不動産の情報はネットで探すな！

### 失敗する投資方法には法則性がある

最適な投資方法を伝えるのは難しいのですが、一方で「これは失敗する可能性が高い」という投資方法には、ある程度の法則性があります。

最もよくあるのはインターネットで情報収集をすることです。そしてこのネットで調べたやり方で投資をして失敗する人は非常に多くいます。

私は本書を通して一人でも多くの方に不動産投資をはじめてほしいと思っていますが、**いざはじめようとした時にネットで情報収集をすることだけはやめましょう。**

これは「不動産の勉強」に関してもそうですし「物件探し」についてもそうです。

## 不動産に関してはインターネット上に有用な情報は少ない

なにか勉強しようと思った時に、まずインターネットで検索をする人は多いでしょう。確かに便利ですし、私もよく利用します。

しかし、こと不動産に関しては、正直、インターネット上には有用な情報は非常に少ないと私は考えています。

まず、そもそもこれまで書いてきたように、不動産投資の最適戦略は人それぞれ違います。一方でネットに書かれている情報というのは、その人の経験に基づく、その人にしか当てはまらない偏ったものであることが少なくなりません。こういう人もいるんだな、という程度に考えるならばまだ良いですが、鵜呑みにするのはやめましょう。

また、ネットで不動産について調べると「騙されやすいからやめた方が良い」といったネガティブなコメントを見ることもあるかと思います。初心者であるあなたは当然、不動産投資なんてやめた方が良いのではないかという気になります。

不動産投資に否定的なコメントをする人というのは大きく分けて2種類います。一つは不動産投資をやったこともない人。もう一つは悪い業者にあたってよくない物件をつかまされてしまった、すなわち投資に失敗してしまった人です。

まず、不動産投資をしていない人の意見などまったく気にする必要はありません。人は皆、それぞれのポジションに沿った発言をします。学校の先生が「大学なんて行かずに起業した方が稼げるよ」と言わないように、自分のポジションによって経験のないことを否定する人というのは非常にたくさんいます。

特にインターネットでは相手の人となりがわかりませんから、本当に一通り経験した上で言っているのか、単に聞きかじった知識で言っているのか判断がつかないことも多くあります。

次に投資に失敗した人です。これに関しては話を聞いてみる（読んでみる）価値はあります。

しかし、それは自分が同じ失敗をしないための糧にすれば良いのであって、「失敗するかもしれないからやめておこう」という発想では何もチャレンジはできません。

確かに不動産投資は失敗することもありますが、それはやり方を間違っているからです。正しいやり方でやれば本書に書いてきた通り「安定した」「固い」収入源となり得るものです。

## インターネットに掲載されている物件は残り物

次に物件探しについてです。

インターネット上には非常にたくさんの物件が載っています。例えば自分が住む賃貸であれば、ゆっくりとインターネットで比較した上で、気になった2～3部屋だけを内見するというやり方でも、良い部屋が見つかるでしょう。

しかし、投資用の物件となるとそうはいきません。

例えば私の場合、仲の良い不動産業者がいくつかあり、良い物件が売りに出されると「木村さん、こんな物件があるけど、どうですか」という紹介をしてもらえます。賃貸の場合、一人の人が借りるのは一部屋だけで、不動産屋にとってリピーターというのは存在しませんが、投資の場合は何棟も購入する「お得意様」が存在するのが最大の違いです。

当然、不動産業者としてもお得意様には良い物件を優先的に紹介した方が、売上は伸びやすいでしょう。となると、本当に良い物件というのはインターネットなどに掲載する前に、すぐにお得意様に流してしまうものなのです。

極端な言い方をすれば、インターネットに掲載されている物件というのは残り物。

そこをどれだけ漁ったところで掘り出し物は出てきません。

# 4　年収別オススメ投資法

## 年収ごとに最適戦略は異なる

最適戦略は人それぞれ変わってきますが、ここでは年収によるその変化をできる限りパターン化して分析してみたいと思います。

当然、年収以外にも、会社の規模であったり、その人の置かれている環境であったりといった要素はありますので、あくまでも参考程度と思ってください。

今回はサラリーマンとして多くの人が該当するであろう年収３００万円・５００万円・７００万円という３パターンを考えてみたいと思います。

## 年収３００万円なら小規模物件での実績作りからスタート

不動産で年間数百万の利益を出したいと思ったら、最終的には一棟ものを購入する必要があります。

しかしながら、一棟ものというのは安いものでも５０００万円程度するのが一般的。残念ながら年収３００万円の方が、この金額の融資を受けるのは難しいと言わざるを得ません。

では年収３００万円の方は不動産投資を諦めるしかないのかと言えば、もちろんそんなことはありません。中古のアパートや、地方のごく小さい４部屋くらいのアパートであれば２０００～３０００万円で購入でき、それならば十分に融資を受けられる範囲です。

この規模の物件を購入しても、自分に入る利益は年間数十万円ですから、うまみはまだまだ大きくはありません。ただここで重要なのは利益ではなく「銀行の融資をちゃんと毎月滞りなく返済している」という実績を作ることです。

銀行というのはお金を貸すのが仕事ですから、実績さえあればちゃんと融資をしてくれます。

**年収300万円の方は、すぐに高額の融資を受けるのが難しいため、まずは融資を受けるための実績作りとして、小規模の物件を買ってみるところからスタートするわけです。**そうやって1～2件回すことができれば、次は5000万円クラスの一棟ものアパートを購入することができるでしょう。

そういう意味では、入社したばかりの20代のサラリーマンも「会社の年収が上がってから……」と考えるのではなく、その段階で買える規模の物件を買って投資をスタートしてしまうのがオススメです。早い人ならば1～2年で一棟ものを買うことができますから、会社の給与が上がるより先に、家賃収入で数百万円稼げるようになります。

　このパターンで一つ注意したいのは、あくまで最初の１～２件は、実績作りのための物件ということです。したがって利回りは重要ではなく、多少実入りが少なくとも入居率が高く手堅い物件を選ぶようにしましょう。

## 年収５００万円ならいきなり中古アパート一棟からはじめられる

　年収５００万円の人は、最初から５０００万円前後の融資を受けられることが増えるため、いきなり中古アパート一棟を購入することができます。

　もしそうなれば年間利益は１００万円～１５０万円。非常に夢があるとは思いませんか。

　会社の給料を１００万円上げるのがどれだけ大変かは、皆さんならよくご存知だと思います。少し極端な言い方をすれば、年収５００万円あって不動産投資をしていないのは毎年100万円以上損をしているようなものなのです。

また、返済の実績が次の投資に生きてくるというのは、ここでも同じです。やはり1~2年しっかりとローンを返済していれば、次の融資を受けられるようになります。**一棟購入するごとに年収が100万円アップ、と考えればやはり一刻も早くスタートを切るのが得だと言えるでしょう。**

このくらいの投資をしている人たちが気をつけるべき点として、ある程度の収入を得られるようになっても生活水準を上げてはならないということがあります。

銀行は融資の審査をする際に、その人のフローとストック両方を確認します。不動産投資が軌道に乗ってフローが100万円増えているのにストックが変わっていなかったとしたら「この人は稼いでもすぐに使ってしまう人なんだな」ということで、信用を得にくいのです。

不動産投資はこれくらいの収入でもう十分だ、と思っている人はそれで良いのですが、さらに物件を買い足していってどんどん規模を拡大させていきたいと思っている人は、収入が上がったからと言っていきなり贅沢をしすぎないよう注意しましょう。

## 年収７００万円なら１億円近くのアパートもいける

年収７００万円の場合は７０００万円の融資……と言いたいところですが、このクラスになってくると年収の10倍よりもっと多い金額の融資を受けられるようになってきます。

ざっくりと言うならば、年収７００万円ならば20～30倍程度、年収１０００万円なら40倍近い融資を受けられることがあるのです。

すなわち年収７００万円の人であれば、最初から1億円近い金額のアパートを一～二棟購入することができることになります。

仮に1億のアパートを二棟購入したとすれば、年間利益は400〜700万円ほど。そう、**もう翌年には会社の給与と同じ額を稼ぐことも、夢物語ではないのです。**

実際に私のコミュニティに訪れた方で、年収は700万円ほどあるが労働環境が劣悪すぎて一刻も早く脱サラしたいという方がいらっしゃいました。その方はすぐに限度いっぱいの融資を受けて1億円以上するアパートを購入し、無事に脱サラされています。

## 人生設計の一つの指針として役立てよう

以上、これらの分析をまとめると、次のようになります。

・年収300万円↓まずははじめられるところからはじめて実績作り。最初はたいした利益にならないが、2年後には一棟ものを購入して年利益100万円を目指せる。

・年収５００万円↓一棟購入するごとに年収１００万円アップ。1～2年で一棟ずつ増やしていくのが目標。

・年収７００万円↓いきなり1億以上の物件を購入可能。このレベルならば給与と同程度の収入を上げて脱サラすることも視野に入ってくる。

あくまで参考程度のものではありますが、皆さんの今後の人生設計の一つの指針としてお役立ていただければ幸いです。

## 5　一番重要な不動産業者の探し方

### 素人が勉強しても太刀打ちできない

不動産投資を成功させるために最も重要なのが不動産業者です。

「物件選びじゃないの？」と思われた方もいらっしゃるかもしれませんが、そもそも悪い不動産業者にあたってしまったら、良い物件など出てきようがありません。

不動産業者というのは、物件の紹介はもちろん、銀行融資の手続きなど、不動産の購入までを全面的にサポートしてくれる大切な存在です。不動産の購入には様々な知識が必要で、素人が本を何冊か読んだ程度で専門家に敵うものではありません。

自分が知識を身につけて不動産を選べるようになるのではなく、信頼してすべてを任せられる良い不動産業者を見つけることに全力を尽くすべきです。

## 悪い不動産業者には2タイプある

ではその良い不動産業というのはどんな業者でしょうか？

それを説明するために、まず悪い不動産業者の話をしましょう。私は悪い不動産業者というのは大きく2タイプあると思っています。

一つは投資家を騙して、おいしい汁を吸おうとしている業者です。意図的に悪い物件を売りつけ、契約書さえ書かせればあとは自己責任、そんな風に考えている悪徳業者がいるのも事実です。皆さんが想像する不動産投資のリスクと言うと、こういった業者につかまることではないかと思います。

私が聞いたことがある、こういった悪徳業者の手口を紹介しましょう。

大分県のとある物件で、そこは近くに大手メーカーの工場がありました。工場勤務の人が大勢いるので入居率は高く、かなり手堅い物件だと紹介され購入したものの、なんとその半年後に工場が移転。もともと工場しかない地域だったため、入居者はすっからかんとなり、その人はローンの返済ができずに自己破産してしまったそうです。

悪い業者のもう1パターンは、本人たちに悪気はないが、単に能力がないケースです。本当に良い物件だと信じて投資家に紹介しているものの、目利きが甘く数年後には入居率が激減するような案件があります。

また、銀行融資を引っ張ってくる提案力が低かったり、そもそも銀行融資の提案をほとんどできないところもあります。

やはりこのような不動産業者では、投資を成功させるのは難しいでしょう。

良い業者と言うのはこの反対、すなわち「本当に良い物件を知っている」「融資を引っ張ってくる能力が高い」業者であると言うことができます。

## 良い業者は「買わない方が良い」と言ってくれる

良い不動産業者のエピソードをご紹介しましょう。

私が40代半ばだった頃の話です。不動産投資も徐々に軌道に乗りはじめ、とにかく「新しい物件を買いたい！」と思っていたのですが、業者に聞いても良い物件はないと言われてしまいます。それでも諦めきれず、なんとか買えるものはないのかと聞いた私に、その業者はこう言ったのです。

「そこそこの奴で良いなら、いくらでも紹介できますよ。でも、それで良いんですか？　良い物件の方が良いでしょう？」

一度高額の銀行融資を受ければ、ある程度返済が進むまで次の融資を受けることはできません。今中途半端な物件を買えば、次に本当に良い物件が来た時にそれを逃がすかもしれないのです。

とはいえ、不動産業者からすれば、とりあえず手持ちの物件を私に売っておいて損はないはず。本当に私のことを考えてくれていなければ、こんな言葉は出てきません。

これが本当に信頼できる、良い業者なのです。

## 良い不動産業者ほど露出が少なく見つけづらい

では、こういった業者を見つけるには、どうしたら良いのでしょうか?

実は、これは非常に難しいのです。こんなことを本に書いてしまうのははばかられますが、正直に言うとコネを使わなければ、なかなか良い業者と巡り合うことはできません。

まず、世の中にいる不動産業者の大半が、悪意はなくとも能力のない業者です。その時点で、街中の適当な業者に行ってみたところで、良い物件を見つけることはできないでしょう。

普通、まずいラーメン屋ばかりの町に1店舗だけおいしいラーメン屋があれば、みんなそこに行き、すぐに行列になるため、簡単に発見できますよね。しかし、不動産業者の場合は、逆に**良い業者ほど露出が少なく見つけづらいようになっています。**

というのも、不動産というのはラーメンと違って、作ればいくらでもあるというものではありません。本当にオススメできる良い物件は、そもそも市場にそう多くは出回っていないのです。

そして良い業者というのは、そのサービスに満足した客が次の客を紹介してくれるため、常に物件の方が客より少ないような状態になっています。

したがって、良い業者ほど営業活動をしていないというのが、不動産業者の特徴なのです。

## うまくいっている人に紹介してもらうのがベスト

したがって、不動産投資をしたことのない人が良い業者と巡り合うには、すでに成功している人に紹介してもらうしかありません。それも何棟も買っていて再現性のある成功をしている人にです。

ここが私のコミュニティの最大の強みです。もともと私一人でコンサルティングをしていた時代もありましたが、それでは多様な生徒のニーズをカバーしきることは難しいと考え、今は13名の講師がいます。そしてこれまでコミュニティメンバーが100億円ほど購入してきた中で知り合った、本当に信頼できる業者がいます。

人それぞれ最適戦略が違うこの不動産投資という世界で、最も価値があるのがこの人脈なのです。

# 6 不動産投資は一刻も早くはじめた方が良い

## 不動産投資は大きな結果が得られるまでに時間がかかる

これはノウハウというのとは少し違う話になるかもしれませんが、不動産投資をやるなら少しでも早くはじめるべきです。

ここまで語った通り、不動産投資で成功するためには

①まず物件を購入してローン返済の実績を作る
②その実績をもとにさらに高額の物件を購入する
③そのローンを返済して、さらに大きな実績とする

というサイクルを繰り返して、規模を拡大していくことです。

この時、ローン返済が実績と認められて次の融資を受けるまでには（金額やその人のステータスなど様々な要素によって大きく前後はしますが）1〜2年かかります。

仮に中古ワンルームからスモールスタートをするのであれば、1億円のマンション購入にたどり着くまでに5年から10年はかかります。これはキムラ式不動産投資法だからできる速度で、実際にはもっと長い時間がかかる人が大半だと思います。

このように、大きな結果が得られるまでに時間がかかるのが不動産投資のデメリットと言えばデメリットです。

なので、少しでも早くまとまった収入を得るためには、少しでも早くはじめる必要があるのです。

## 少しでも若いうちにはじめたい

逆に20代ではじめることができれば、30代の半ば頃には会社の給与以上の収益を出すことも十分可能です。

本書は脱サラをオススメする本ではありませんが、そうやって会社の給与以上に稼げる状態になってから脱サラするのであればノーリスク。なんの問題もありません。

若さというアドバンテージを利用して、一気に資産家としての人生を作り上げましょう。

また、もうすでに40代50代という人であったとしても、今この瞬間があなたの今後の人生の中で一番若いことに変わりはありません。仮に定年間際であっても、今投資をはじめれば、老後の準備としては十分間に合うでしょう。

不動産投資をしようと思っても、すぐに良い物件が見つかるとも限りません。物件を探しはじめてから実際に購入するまでのタイムラグも考えると、不動産投資をするという意思決定は一刻も早くすべきなのです。

# おわりに

不動産投資の醍醐味は、ほとんど自分は何もせずに専門の業者へ委託することによって、安定した「不労所得」を得られる点です。

いきなり大金を得られるわけではありませんが、堅実に、着々と資産を増やしていくことができます。そしてそこに手間がかからない。

本文の繰り返しになってしまいますが、これだけサラリーマンに適したサイドビジネスはありません。

＊　＊　＊

本書は脱サラをオススメするのではなく、会社の仕事とうまく両立させながら収入を増やす仕組みとして、不動産投資を紹介しました。

とはいえ、脱サラできるならそうしたいと考えているサラリーマンもたくさんおられるでしょう。私自身も、不動産から得られる利益が１０００万円を超えたタイミングで脱サラしました。

もともと会社の仕事と両立できるくらい手間のかからない不動産投資なのに、そこで脱サラをすれば、本当に時間は自由になります。私は旅行が趣味なので、毎月海外旅行に行く時間が生まれたことで、人生の幸福度が大きく上がりました。

先日はアフリカに行き、サバンナで様々な野生動物を見てきました。ライオン、チーター、ハイエナ、そんな動物園でしか見たことのないような動物たちが目の前を駆け回り、狩りをし、そしてお互いを食べていました。

決して日本ではできない経験。食物連鎖。まさに死生観が変わりました。

普段普通に生きていて、自分がいつか死ぬことを実感する機会などなかなかありません。サラリーマン時代はむしろ、1日1日を乗りきることで精一杯だったような気がします。

アフリカで「自分もいつかは死ぬんだ」と実感したことで、改めて自由に生きる重要性を感じました。

お金があれば幸せというわけではありません。幸せの形は人それぞれですが、人生たった100年。少なくとも鬱々と過ごしている暇などありません。

＊　＊　＊

今現在、辛い生活をしている人が、人生逆転させるためのきっかけとして。

今はなんとか生活できているが、将来に不安がある人の備えとして。

不動産投資の最適解は、人それぞれであると書きましたが、それはすなわち、どんな人にとっても、その人の状況に合わせた投資の仕方をすることで、人生を好転させせる力が不動産にはあるということです。

最後に、私は不動産投資コミュニティの運営だけでなく、ユーチューブチャンネルでの情報発信も行っています。本書を読んで不動産に興味を持った方、もっと真剣に人生設計をしたいと思った方はぜひ一度覗いていただけると幸いです。

**世界を旅する不動産自由人**
**木村拓也ユーチューブチャンネル**

2020年3月

木村拓也

**本書をお読み頂き**
**不動産投資に**
**興味を持ってくださった**
**みなさんに次の特典をプレゼント！**

①「初心者のための不動産を用いた
資産形成セミナー」無料参加券

※参加できない方には動画をプレゼント

②「キムラ式不動産投資法」の
解説動画 16 本（計 3 時間）

③本気の方のみ限定
「通話コンサルティング」一回無料券

特典をご希望の方は、下記 QR コードから
木村拓也公式 LINE@（kimura15）に登録し、
「書籍の特典希望」とメッセージをお送りください。

※本特典は著者が独自に提供するものであり、その内容について出版元はいっさい関知いたしません。あらかじめご了承ください。

木村　拓也（きむら・たくや）

◎一部上場企業でSEとして28年間勤務。41歳の頃に身体を壊したことをきっかけに、サラリーマンとしての収入だけに頼る人生に不安を覚え、不動産投資に興味を持つ。そこから独学でキムラ式不動産投資法を編み出し、サラリーマンを続けながら5億円の資産を構築。49歳の頃には不動産収入だけで年間1000万円を突破し51歳で脱サラを果たす。

◎現在は合計50棟保有の不動産投資仲間12名と国内最大規模の不動産コミュニティを運営。自身の経験をもとに、不動産投資ノウハウや、脱サラするための方法などを発信し続ける。

●カバーデザイン：大場君人

**サラリーマンは**
**今《いま》すぐ5000万円《まんえん》借《か》りなさい！**

発行日　2020年　4月　6日　第1版第1刷
　　　　2020年　7月20日　第1版第3刷

著　者　木村《きむら》　拓也《たくや》

発行者　斉藤　和邦
発行所　株式会社　秀和システム
〒135-0016
東京都江東区東陽2-4-2　新宮ビル2F
Tel 03-6264-3105（販売）Fax 03-6264-3094
印刷所　日経印刷株式会社　Printed in Japan

ISBN978-4-7980-6071-2 C0034